S0-CAN-944

The Dry Bones
Passover Haggadah
הגדה של פסח

Yaakov Kirschen

The Dry Bones Passover Haggadah

First Menorah Edition, 2017

Menorah Books
An imprint of Koren Publishers Jerusalem Ltd.

POB 8531, New Milford, CT 06776-8531, USA
& POB 4044, Jerusalem 9104001, Israel
www.menorah-books.com

Copyright ©Yaakov Kirschen, 2013, 2017

Layout, book design, and typesetting by S. Kim Glassman
Direction by Sali Ariel
Cartoons and artwork by Yaakov Kirschen
English text by Yaakov Kirschen with Rabbi Itzchak Marmorstein
Editing and proofreading by Emanuel Cohn and Kezia Raffel Pride

All rights reserved. No part of this publication may be reproduced,
stored in a retrieval system or transmitted in any form or by
any means, electronic, mechanical, photocopying, or otherwise,
without the prior permission of the publisher, except in the case
of brief quotations embedded in critical articles or reviews.

ISBN 978 194 051 6769, *hardcover*

Library of Congress Number: TXU001860240
A CIP catalogue record for this title is
available from the British Library

Printed and bound in China

A special Dry Bones thank you

to **S. Kim Glassman**
who went above and beyond
in the putting together of the work

to **Rachel Neiman**
who twittered and advised

to **Becky Neiman**
who fixed our crummy video

to **Jerome Sussman**
for legal stuff

to **our Kickstarter Backers**
who helped to make this Haggadah possible

and of course a
special
special
thank you to
Sali Ariel, LSW
(Long-Suffering Wife)
whose hand has been involved in the look and feel of
every page and in every step of creating this Haggadah

THE DRY BONES HAGGADAH PATRONS PAGE

The manuscript for the DryBones Haggadah was funded by a Kickstarter project, and especially by the generosity of the patrons listed below:

Listed alphabetically by first name

- Aaron Moshe ben Menachem Mendel Pincas ha-Levi
- Michael and Daryl Anisfeld, in honor of their families – past, present and future
- Anonymous
- Paul and Diana Appelbaum
- Susan and Shawn Dilles
- Jesse Friedlander (Yishai ben Shlomo)
- a Friend in LA
- Ferne Hassan
- In memory of Moses Appel, Lenore Hill and Jonathan Hill
- Lorraine and Jacob Hill
- Ari, Marlyn, Sarah, Leora and Ben Jaffe
- Lisa, Charles, Aron and Micha Joseph
- Alexander Kahn, M.D.
- Ashley and Benjamin Kalman
- Kreiner Family
- Krosney Family
- Carolyn and Stewart Leshin
- David E. Lilienfeld
- Eibert Oostendorp
- In loving memory of Shmuel Yechezkel ben Shlomo, z"l, and Shulamit bat Ben Zion Mordechai, z"l
- Joe and Paula Simon
- Susan and Ellis Simpson
- Carole and David Singer
- Daniel Singer
- Goldie Spieler
- Diana and Howard Stevens
- Harry and Bluma Trabb
- Yvette and Neil Trubowitch

- and www.BreastCancerChecklist.com

PREFACE
by Yaakov Kirschen

In October 1971 I fulfilled the Haggadah pledge of "Next year in Jerusalem!" by actually moving there, schlepping a wife and three kids with me. On January 1, 1973, fifteen months later, with the chutzpah of a New York gag cartoonist and Survivor of the Sixties in America, I decided to chronicle the history of the Jewish people in my day. Of course I didn't think of it that way at the time. Back then what I thought I was doing was drawing a daily political cartoon for the *Jerusalem Post* and its local readers. Prior to my aliyah I had been fascinated by the Prophet Ezekiel's letter to the future in which he weirdly seems to write to us about our age, and so, as a private joke to myself, I named my new cartoon/comic strip *Dry Bones*, intending, theoretically, to fill in the details that Ezekiel had left out. *Dry Bones* soon spread beyond its Israeli-based audience and began appearing in newspapers around the world. As the decades have slipped by, *Dry Bones*, an internationally syndicated newspaper cartoon, has become more and more of a digitally liked and shared phenomenon. In some way, *Dry Bones* has become an important source of commentary, speaking both to the Jewish community and on its behalf to "the nations."

To mark the fortieth year of *Dry Bones* publication I decided to attempt to write my "letter to the future." It would be a *Dry Bones* Haggadah. A Haggadah that, like the *Dry*

Bones cartoons, would speak to a broad majority of Jews as being meaningful, entertaining, and representative of who we are. I would create the manuscript for a Haggadah that would appeal, entertain, and speak to everyone at the Seder table: the Wise, the Contrary, the Simple, and even those who "wouldn't even know to ask." So back in the fall of 2012 the LSW (Long-Suffering Wife) and I brought the "project to create a *Dry Bones* Haggadah manuscript" to Kickstarter. The crowdfunding response was overwhelmingly positive. And so, with the funds of backers and the help of friends and talented professionals, this *Dry Bones* Haggadah has been created.

I wanted the Haggadah to bring us all to the same table, so the complete, traditional, kosher, unaltered Hebrew (and Aramaic) text is presented along with a parallel English text. The combined Hebrew/English text is surrounded and framed by graphics and *Dry Bones* cartoons. The main *Dry Bones* character is the kindly, idealistic Uncle Shuldig. He represents me. His dog Doobie projects a more objective, critical point of view. The LSW claims that the loyal but doubting dog represents her. This Haggadah begins with Shuldig explaining the Seder to Doobie. The cartoons in the Haggadah speak for themselves, but perhaps the cartoon characters deserve a word or two.

Magicians use simple tricks to do what seems to be impossible. The magic of cartooning is the opposite. The trick is to make a really difficult task look simple. At least the way I do it. I draw in a casual (sloppy?) style, and I communicate with jokes and look for laughs; but underneath the surface I'm always building secret messages and slipping ideas into people's heads. To reveal my behind-the-curtain machinations, consider this: One of the cartoon characters in the Haggadah is Moses. Other than his brief appearances as a baby in a basket floating in the reeds, I show him as an old man with a white beard. Was he? Or was he not? If he died at 120 as is claimed, after wandering in the desert for forty years as is claimed, then we can deduce that he was in his late seventies (at the youngest) at the final confrontation with Pharaoh. Have you ever spent time thinking about details like this? Another character appearing in the cartoons is King Solomon. He represents the government of the Jewish state, whoever and whatever that is. Close examination of King Solomon's crown reveals not a six-pointed Star of David, but rather an eight-pointed Star of Solomon. This stuff doesn't happen by accident, you know. ☺

About the English text. My goal was to create a comfortable, understandable rendering of the original Haggadah text in English. If you think about it – and I did – the Haggadah is actually a script to be read aloud by a group of amateurs around a table before (and hopefully after) a huge meal.

The idea of using Thee and Thou seemed silly, but finding a correct "voice" (or "voices"?) for the material was even more challenging. I felt that the English to use in reciting prayer, in reading Psalm poetry, in quoting powerful Bible passages, and in the out-loud reciting of the Passover story itself should each differ.

There was also the problem of unintentional consequences, as in questions of gender. The words *Lord*, *He*, and *Him* as used in the text are not indications of God's gender. My intent is not to create a "gender-neutral" Haggadah but rather one that does not suffer from gender bias. This Haggadah refers to the Four Children rather than to the Four Sons. This is not a politically correct decision. It's just a correct one. A once-close female college friend is now a ferocious boycott-Israel, anti-Zionist activist. If she's not the contrary child we're confronted with, who is? The original Hebrew uses the word *banim*, which can mean either sons or children, and the parental advice given is on how to pass our peoplehood on to our children…not just to our sons!

Familiar Hebrew words presented yet another challenge: Words like *Shabbat* and *aliyah* have found their way into contemporary English usage, so I've used either Shabbat or Sabbath depending on how it "felt." And I didn't shy away from the word *aliyah* as a word in English (after all, it's in Merriam-Webster's!). But then there was the question of the plural of the word *matzah*. Is it matzahs or the Hebrew *matzot*? I've decided on *matzot* when it is to be read aloud (as in "Festival of Matzot") but matzahs when in a written instruction (as in "Point to the matzahs"). You'll also find that a word in the original Hebrew may be rendered differently in different parts of the English text (i.e., Passover, Pesach, paschal offering, etc.), again with the rule being the very personal how it "felt" to me at that point in the text.

And so, I hope that this *Dry Bones* Haggadah will "feel right" to you, and that it will find its place with you and yours for years to come. Happy Passover. *Chag sameach.* "Next year in Jerusalem!"

Yaakov Kirschen
www.DryBones.com
Israel

DRY BONES

The eating of matzah on the day before Passover is forbidden. Some Jews choose to be even more extreme and refrain from eating matzah for thirty days before Passover. The reason given for the injunction against pre-Passover matzah eating is twofold: First, to increase our desire to eat it during the Seder. Second, to distinguish between matzah that is eaten simply as a food and the matzah eaten as a meaningful ritual observance during the Seder.

The Seder Plate

The Seder plate with its six symbolic foods*

On the table, in addition to the Seder plate, are a bowl of salt water and a stack of three matzahs (covered by a cloth).

* The Seder plate's six symbolic foods are *beitza* (a hard-boiled or baked egg), *karpas* (parsley, celery, or potato), *charoset* (a yummy brownish sweet mixture which represents the mortar used by the Israelite slaves in their labor), *zeroa* (the shank bone of a roasted lamb or a chicken wing), and two kinds of bitter herbs: *chazeret* (horseradish) and *maror* (romaine lettuce).

The Passover Seder is a unique ritual meal that brings the Jewish people together across the world and through the generations. The Haggadah is the script for the ritual. It is to be read aloud by participants. There are fifteen steps in the ritual:

1 | קדש page 1
Kadesh
MAKE KIDDUSH

2 | ורחץ page 4
Urchatz
WASH HANDS

3 | כרפס page 4
Karpas
DIP AND EAT
A VEGETABLE

4 | יחץ page 5
Yachatz
BREAK THE
MIDDLE MATZAH

5 | מגיד page 5
Maggid
TELL THE
PASSOVER STORY

6 | רחצה page 40
Rachtzah
WASH HANDS

7 | מוציא page 40
Motzi
BLESS THE MATZAH

8 | מצה page 41
Matzah
EAT THE MATZAH

9 | מרור page 42
Maror
EAT THE
BITTER HERBS

10 | כורך page 43
Korech
EAT THE "HILLEL
SANDWICH"

11 | שולחן
עורך page 44
*Shulchan
Orech*
SERVE THE
PASSOVER MEAL

12 | צפון page 44
Tzafun
EAT THE
AFIKOMAN

13 | ברך page 44
Barech
GIVE THANKS
FOR THE MEAL

14 | הלל page 59
Hallel
RECITE THE
HALLEL

15 | נרצה page 82
Nirtzah
PRAY THAT IT
BE PLEASING

THE PURIM MIRACLE WAS SO NATURAL THAT MANY JEWS DID NOT SEE IT AS A MIRACLE.
YUP!
THE PASSOVER MIRACLES WERE SO SUPERNATURAL THAT MANY JEWS DID NOT BELIEVE WHAT THEY SAW.
TRUE!
WHO KNOWS WHICH KIND OF MIRACLE IT WILL TAKE TO RESCUE MODERN ISRAEL?
WHO KNOWS?
BUT WHEN IT HAPPENS WE WON'T BELIEVE IT!
NOPE!

קדש
Kadesh
Make Kiddush

FIRST CUP

כוס ראשון

Some say:

יש אומרים:

הִנְנִי מוּכָן וּמְזֻמָּן לְקַיֵּם מִצְוַת כּוֹס רִאשׁוֹן שֶׁל אַרְבַּע כּוֹסוֹת.

I am prepared and ready to fulfill the commandment of drinking the first of four cups of wine.

On Friday night:

בשבת:

וַיְהִי עֶרֶב וַיְהִי בֹקֶר יוֹם הַשִּׁשִּׁי:
וַיְכֻלּוּ הַשָּׁמַיִם וְהָאָרֶץ
וְכָל צְבָאָם:
וַיְכַל אֱלֹהִים בַּיּוֹם הַשְּׁבִיעִי
מְלַאכְתּוֹ אֲשֶׁר עָשָׂה,
וַיִּשְׁבֹּת בַּיּוֹם הַשְּׁבִיעִי
מִכָּל מְלַאכְתּוֹ אֲשֶׁר עָשָׂה:
וַיְבָרֶךְ אֱלֹהִים
אֶת יוֹם הַשְּׁבִיעִי
וַיְקַדֵּשׁ אוֹתוֹ,
כִּי בוֹ שָׁבַת מִכָּל מְלַאכְתּוֹ
אֲשֶׁר בָּרָא אֱלֹהִים לַעֲשׂוֹת:

And it was evening and it was morning, the sixth day. The heavens and the earth and all their components were completed. By the seventh day God had finished the work that He had done, and He stopped all His work on the seventh day. God then blessed the seventh day, making it holy because on that day He had rested from His creating (Genesis 1:31–2:3).

The words in parentheses
are to be added on Friday evening:

בליל שבת יש להוסיף
את המילים בסוגריים:

סַבְרִי מָרָנָן וְרַבָּנָן וְרַבּוֹתַי

בָּרוּךְ אַתָּה יְיָ אֱלֹהֵינוּ מֶלֶךְ הָעוֹלָם בּוֹרֵא פְּרִי הַגָּפֶן:

*Baruch Atah Adonai, Eloheinu Melech
ha'olam, borei pri hagafen.*

Blessed are You, Eternal our God, Ruler of the
universe, Who creates the fruit of the vine.

בָּרוּךְ אַתָּה יְיָ אֱלֹהֵינוּ מֶלֶךְ הָעוֹלָם, אֲשֶׁר בָּחַר בָּנוּ מִכָּל
עָם, וְרוֹמְמָנוּ מִכָּל לָשׁוֹן, וְקִדְּשָׁנוּ בְּמִצְוֹתָיו. וַתִּתֶּן לָנוּ
יְיָ אֱלֹהֵינוּ בְּאַהֲבָה (בשבת: שַׁבָּתוֹת לִמְנוּחָה וּ)מוֹעֲדִים
לְשִׂמְחָה, חַגִּים וּזְמַנִּים לְשָׂשׂוֹן, אֶת יוֹם (הַשַּׁבָּת הַזֶּה
וְאֶת יוֹם) חַג הַמַּצוֹת הַזֶּה, זְמַן חֵרוּתֵנוּ (בְּאַהֲבָה) מִקְרָא
קֹדֶשׁ, זֵכֶר לִיצִיאַת מִצְרָיִם. כִּי בָנוּ בָחַרְתָּ וְאוֹתָנוּ קִדַּשְׁתָּ
מִכָּל הָעַמִּים, (וְשַׁבָּת) וּמוֹעֲדֵי קָדְשֶׁךָ (בְּאַהֲבָה וּבְרָצוֹן,)
בְּשִׂמְחָה וּבְשָׂשׂוֹן הִנְחַלְתָּנוּ. בָּרוּךְ אַתָּה יְיָ, מְקַדֵּשׁ (הַשַּׁבָּת
וְ)יִשְׂרָאֵל וְהַזְּמַנִּים.

Blessed are You, Eternal our God, Who selected us
from all the nations and raised us up above all tongues
and Who made us holy with Your commandments.
And You have given us with love (Shabbat, the
Sabbath day and) seasons for rejoicing, feasts and
festivals of happiness, (Shabbat) and this Festival of
Matzot, the season of our freedom, (with love,) a holy
remembrance of the Exodus from Egypt. For You have

2

selected us and sanctified us from all the nations. And You have granted us (Shabbat and) Your holy festivals (with love and intent,) with joy and gladness. Blessed are You, Eternal our God, Who has sanctified (the Sabbath and) Israel and the seasons.

במוצאי שבת מוסיפים:

בָּרוּךְ אַתָּה יְיָ אֱלֹהֵינוּ מֶלֶךְ הָעוֹלָם, בּוֹרֵא מְאוֹרֵי הָאֵשׁ. בָּרוּךְ אַתָּה יְיָ אֱלֹהֵינוּ מֶלֶךְ הָעוֹלָם הַמַּבְדִּיל בֵּין קֹדֶשׁ לְחֹל, בֵּין אוֹר לְחֹשֶׁךְ, בֵּין יִשְׂרָאֵל לָעַמִּים, בֵּין יוֹם הַשְּׁבִיעִי לְשֵׁשֶׁת יְמֵי הַמַּעֲשֶׂה. בֵּין קְדֻשַּׁת שַׁבָּת לִקְדֻשַּׁת יוֹם טוֹב הִבְדַּלְתָּ, וְאֶת יוֹם הַשְּׁבִיעִי מִשֵּׁשֶׁת יְמֵי הַמַּעֲשֶׂה קִדַּשְׁתָּ. הִבְדַּלְתָּ וְקִדַּשְׁתָּ אֶת עַמְּךָ יִשְׂרָאֵל בִּקְדֻשָּׁתֶךָ. בָּרוּךְ אַתָּה יְיָ, הַמַּבְדִּיל בֵּין קֹדֶשׁ לְקֹדֶשׁ:

On Saturday night we add:

Blessed are You, Eternal our God, Ruler of the universe, Who creates the lights of fire. Blessed are You, Eternal our God, Ruler of the universe, Who distinguishes between holy and not holy, light and darkness, Israel and the nations, between the seventh day and the six days of activity. You have distinguished between the holiness of Shabbat and the holiness of a festival. And You have distinguished from the six work days to make the seventh holy. You have distinguished and sanctified Your people Israel with Your holiness. Blessed are You, Eternal, Who distinguishes between degrees of holiness.

בָּרוּךְ אַתָּה יְיָ אֱלֹהֵינוּ מֶלֶךְ הָעוֹלָם,
שֶׁהֶחֱיָנוּ וְקִיְּמָנוּ וְהִגִּיעָנוּ לַזְּמַן הַזֶּה:

Baruch Atah Adonai, Eloheinu Melech ha'olam,
shehecheyanu v'kiyemanu v'higiyanu la'zman hazeh.

Blessed are You, Eternal our God, Ruler of the universe, Who has sustained us, maintained us, and brought us to this moment in time.

שותים כוס היין בהסבת שמאל.
Drink the wine while leaning to the left.

ורחץ
Urchatz
Wash hands

נוטלים את הידיים ואין מברכים "על נטילת ידיים".
Wash hands without a blessing.

כרפס
Karpas
Dip and eat a vegetable

טובלים כרפס פחות מכזית במי מלח,
ולפני שאוכלים מברכים:
Dip the *karpas* in salt water
and before you eat it say the following blessing:

בָּרוּךְ אַתָּה יְיָ אֱלֹהֵינוּ מֶלֶךְ הָעוֹלָם,
בּוֹרֵא פְּרִי הָאֲדָמָה:

*Baruch Atah Adonai, Eloheinu Melech
ha'olam, borei pri ha'adamah.*

Blessed are You, Eternal our God, Ruler of the
universe, Who creates the fruit of the earth.

יחץ
Yachatz
Break the middle matzah

בעל הסדר בוצע את המצה האמצעית לשתים
ומצפין את החצי הגדול לאפיקומן.
The leader of the Seder breaks the middle matzah
in two, wraps the larger piece in a cloth, and saves
it as the *afikoman* (to be eaten at the end of the
ritual meal).

מגיד
Maggid
Tell the Passover story

מגלים את המצות, מגביהים את הקערה ואומרים:
Uncover the matzahs, raise them and say:

הָא לַחְמָא עַנְיָא דִּי אֲכָלוּ אַבְהָתָנָא בְּאַרְעָא דְמִצְרָיִם. כָּל דִּכְפִין יֵיתֵי וְיֵכֻל, כָּל דִּצְרִיךְ יֵיתֵי וְיִפְסַח. הָשַׁתָּא הָכָא, לְשָׁנָה הַבָּאָה בְּאַרְעָא דְיִשְׂרָאֵל. הָשַׁתָּא עַבְדֵי, לְשָׁנָה הַבָּאָה בְּנֵי חוֹרִין:

This is the bread of affliction, which our ancestors ate in the land of Egypt. All who are hungry, come and eat! All who are in need, come and celebrate Passover! Today, we are here. Next year, in the land of Israel. Today, we are slaves. Next year, we will be free!

מה נשתנה
MAH NISHTANAH

מכסים את המצות, מוזגים כוס שני,
וכאן הצעיר בין המסובים שואל:
Cover the matzahs. Refill the second wine cup.
The youngest at the table asks:

Why is this night different from all other nights? On all other nights, we eat bread or matzah; on this night, why only matzah?	*Mah nishtanah halailah hazeh mi'kol haleilot? Sheb'chol haleilot anu ochlin chametz umatzah. Halailah hazeh, kulo matzah.*	מַה נִּשְׁתַּנָּה הַלַּיְלָה הַזֶּה מִכָּל הַלֵּילוֹת? שֶׁבְּכָל הַלֵּילוֹת אָנוּ אוֹכְלִין חָמֵץ וּמַצָּה, הַלַּיְלָה הַזֶּה כֻּלּוֹ מַצָּה!

WHY IS THIS NIGHT DIFFERENT FROM ALL OTHER NIGHTS?

I'M GLAD YOU ASKED!

THE ANSWER GOES BACK THOUSANDS AND THOUSANDS OF YEARS...

WE WERE SLAVES OF PHARAOH IN EGYPT...

On all other nights, we eat vegetables of all kinds; on this night, why bitter herbs?	Sheb'chol haleilot anu ochlin she'ar yerakot. Halailah hazeh maror.	שֶׁבְּכָל הַלֵּילוֹת אָנוּ אוֹכְלִין שְׁאָר יְרָקוֹת, הַלַּיְלָה הַזֶּה מָרוֹר!
On all other nights, we do not dip our food even once; on this night, why do we do it twice?	Sheb'chol haleilot ein anu matbilin afilu pa'am echat. Halailah hazeh shtei pe'amim.	שֶׁבְּכָל הַלֵּילוֹת אֵין אָנוּ מַטְבִּילִין אֲפִילוּ פַּעַם אֶחָת, הַלַּיְלָה הַזֶּה שְׁתֵּי פְעָמִים!
On all other nights, we eat either sitting up or leaning; on this night, why are we all leaning?	Sheb'chol haleilot anu ochlin bein yoshvin uvein mesubin, Halailah hazeh kulanu mesubin.	שֶׁבְּכָל הַלֵּילוֹת אָנוּ אוֹכְלִין בֵּין יוֹשְׁבִין וּבֵין מְסֻבִּין, הַלַּיְלָה הַזֶּה כֻּלָּנוּ מְסֻבִּין!

המצות תהיינה מגולות בשעת אמירת ההגדה.
Uncover the matzahs for the answer:

עֲבָדִים הָיִינוּ לְפַרְעֹה בְּמִצְרָיִם, וַיּוֹצִיאֵנוּ יְיָ אֱלֹהֵינוּ מִשָּׁם בְּיָד חֲזָקָה וּבִזְרוֹעַ נְטוּיָה. וְאִלּוּ לֹא הוֹצִיא הַקָּדוֹשׁ בָּרוּךְ הוּא אֶת אֲבוֹתֵינוּ מִמִּצְרָיִם, הֲרֵי אָנוּ וּבָנֵינוּ וּבְנֵי בָנֵינוּ מְשֻׁעְבָּדִים הָיִינוּ לְפַרְעֹה בְּמִצְרָיִם. וַאֲפִילוּ כֻּלָּנוּ חֲכָמִים, כֻּלָּנוּ נְבוֹנִים, כֻּלָּנוּ זְקֵנִים, כֻּלָּנוּ יוֹדְעִים אֶת הַתּוֹרָה, מִצְוָה עָלֵינוּ לְסַפֵּר בִּיצִיאַת מִצְרָיִם. וְכָל הַמַּרְבֶּה לְסַפֵּר בִּיצִיאַת מִצְרָיִם הֲרֵי זֶה מְשֻׁבָּח:

We were slaves to Pharaoh in Egypt, and the Eternal our God took us out from there with a mighty hand and an outstretched arm. And if the Holy One, blessed be He, had not rescued our ancestors from Egypt, then we and our children would still be slaves in Egypt. And even if we were all wise, all understanding, all elders, all Torah scholars, we would still be commanded to tell the story of the Exodus from Egypt. And whoever tells the story of the Exodus from Egypt at length is to be praised.

מַעֲשֶׂה בְּרַבִּי אֱלִיעֶזֶר וְרַבִּי יְהוֹשֻׁעַ וְרַבִּי אֶלְעָזָר בֶּן עֲזַרְיָה וְרַבִּי עֲקִיבָא וְרַבִּי טַרְפוֹן שֶׁהָיוּ מְסֻבִּין בִּבְנֵי בְרַק, וְהָיוּ מְסַפְּרִים בִּיצִיאַת מִצְרַיִם כָּל אוֹתוֹ הַלַּיְלָה עַד שֶׁבָּאוּ תַלְמִידֵיהֶם וְאָמְרוּ לָהֶם: רַבּוֹתֵינוּ, הִגִּיעַ זְמַן קְרִיאַת שְׁמַע שֶׁל שַׁחֲרִית:

So it was that Rabbi Eliezer, Rabbi Joshua, Rabbi Elazar ben Azaryah, Rabbi Akiva, and Rabbi Tarfon

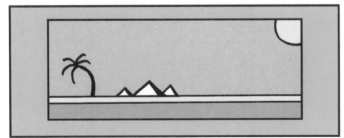

were reclining at the Seder table in Bnei Brak. They spent the whole night telling the story of the coming out of Egypt until their students came and said to them: "Rabbis, it is time to recite the morning prayers."

אָמַר רַבִּי אֶלְעָזָר בֶּן עֲזַרְיָה: הֲרֵי אֲנִי כְּבֶן שִׁבְעִים שָׁנָה, וְלֹא זָכִיתִי שֶׁתֵּאָמֵר יְצִיאַת מִצְרַיִם בַּלֵּילוֹת עַד שֶׁדְּרָשָׁהּ בֶּן זוֹמָא, שֶׁנֶּאֱמַר: "לְמַעַן תִּזְכֹּר אֶת יוֹם צֵאתְךָ מֵאֶרֶץ מִצְרַיִם כֹּל יְמֵי חַיֶּיךָ." "יְמֵי חַיֶּיךָ" - הַיָּמִים, "כָּל יְמֵי חַיֶּיךָ" - הַלֵּילוֹת. וַחֲכָמִים אוֹמְרִים: "יְמֵי חַיֶּיךָ" - הָעוֹלָם הַזֶּה, "כֹּל יְמֵי חַיֶּיךָ" - לְהָבִיא לִימוֹת הַמָּשִׁיחַ:

Rabbi Elazar ben Azaryah said: I am like a seventy-year-old but I had not been able to understand why the Exodus from Egypt should be retold at night, until Ben Zoma explained it by citing the quote "In order that you may remember the day you left Egypt all the days of your life" (Deuteronomy 16:3). "The days of your life" refers to the days. "All the days of your life" includes the nights. The sages declare that "the days of your life" refers to the present world and "all" includes the messianic age to come.

בָּרוּךְ הַמָּקוֹם, בָּרוּךְ הוּא. בָּרוּךְ שֶׁנָּתַן תּוֹרָה לְעַמּוֹ יִשְׂרָאֵל, בָּרוּךְ הוּא.

Blessed is the Place: blessed be He. Blessed is He Who gave Torah to His people Israel: blessed be He.

ארבעת הבנים
THE FOUR CHILDREN

כְּנֶגֶד אַרְבָּעָה בָנִים דִּבְּרָה תוֹרָה. אֶחָד חָכָם, וְאֶחָד רָשָׁע,
וְאֶחָד תָּם, וְאֶחָד שֶׁאֵינוֹ יוֹדֵעַ לִשְׁאוֹל:

The Torah speaks of four types of children: one wise,
one contrary, one who is simple, and one who does
not know how to ask.

The Wise Child

asks, "What are the
testimonies, statutes
and laws that our Lord
God has commanded you?"
(Deuteronomy 6:20).
You should teach that child
the laws of Passover in detail,
even that one should not eat
anything after the *afikoman*.

חָכָם מָה הוּא אוֹמֵר?
"מַה הָעֵדוֹת וְהַחֻקִּים
וְהַמִּשְׁפָּטִים אֲשֶׁר צִוָּה
יְיָ אֱלֹהֵינוּ אֶתְכֶם?"
וְאַף אַתָּה אֱמָר לוֹ
כְּהִלְכוֹת הַפֶּסַח:
אֵין מַפְטִירִין אַחַר
הַפֶּסַח אֲפִיקוֹמָן:

The Contrary Child

asks, "What does this ritual
mean to you?" (Exodus 12:26).
"To you," and not to him!
And because he removes
himself from the community
and denies the essence
of our faith, then you should

רָשָׁע מָה הוּא אוֹמֵר?
"מָה הָעֲבֹדָה הַזֹּאת לָכֶם?"
"לָכֶם" - וְלֹא לוֹ.
וּלְפִי שֶׁהוֹצִיא אֶת עַצְמוֹ
מִן הַכְּלָל כָּפַר בְּעִקָּר.
וְאַף אַתָּה הַקְהֵה

respond aggressively
by saying, "It is because of
what God did for me
when I came out of Egypt…"
(Exodus 13:8).
"For me," and not for him –
for if he had been in Egypt,
he would not have been freed.

אֶת שִׁנָּיו וֶאֱמָר לוֹ:
"בַּעֲבוּר זֶה עָשָׂה יְיָ לִי
בְּצֵאתִי מִמִּצְרָיִם."
"לִי" - וְלֹא לוֹ.
אִלּוּ הָיָה שָׁם,
לֹא הָיָה נִגְאָל:

The Simple Child

asks, "What is all this?"
You should say,
"With a mighty hand
God took us out of Egypt,
from the house of slavery"
(Exodus 13:14).

תָּם מָה הוּא אוֹמֵר?
"מַה זֹּאת?"
וְאָמַרְתָּ אֵלָיו:
"בְּחֹזֶק יָד הוֹצִיאָנוּ יְיָ
מִמִּצְרַיִם, מִבֵּית עֲבָדִים:"

For the Child Who Does Not Know How to Ask,

you should open the topic,
as it is written: "And you
shall tell your child on that
day, saying, 'It is because of
what God did for me when
I came out of Egypt'" (Exodus 13:8).

וְשֶׁאֵינוֹ יוֹדֵעַ
לִשְׁאוֹל
אַתְּ פְּתַח לוֹ, שֶׁנֶּאֱמַר:
"וְהִגַּדְתָּ לְבִנְךָ בַּיּוֹם הַהוּא
לֵאמֹר, בַּעֲבוּר זֶה
עָשָׂה יְיָ לִי
בְּצֵאתִי מִמִּצְרָיִם:"

יָכוֹל מֵרֹאשׁ חֹדֶשׁ? תַּלְמוּד לוֹמַר "בַּיּוֹם הַהוּא." אִי בַּיּוֹם הַהוּא, יָכוֹל מִבְּעוֹד יוֹם? תַּלְמוּד לוֹמַר "בַּעֲבוּר זֶה" - בַּעֲבוּר זֶה לֹא אָמַרְתִּי אֶלָּא בְּשָׁעָה שֶׁיֵּשׁ מַצָּה וּמָרוֹר מֻנָּחִים לְפָנֶיךָ:

One might think that we should start on the first day of the month of Nisan, but the Torah says: "(You shall tell your child) on that day." You might think that "on that day" means in the daytime; therefore the Torah says: "On account of this (the Eternal did for me)." The word *this* refers to the time when matzah and *maror* are placed before you.

מִתְּחִלָּה עוֹבְדֵי עֲבוֹדָה זָרָה הָיוּ אֲבוֹתֵינוּ, וְעַכְשָׁיו קֵרְבָנוּ הַמָּקוֹם לַעֲבֹדָתוֹ, שֶׁנֶּאֱמַר: "וַיֹּאמֶר יְהוֹשֻׁעַ אֶל כָּל הָעָם, כֹּה אָמַר יְיָ אֱלֹהֵי יִשְׂרָאֵל, בְּעֵבֶר הַנָּהָר יָשְׁבוּ אֲבוֹתֵיכֶם מֵעוֹלָם, תֶּרַח אֲבִי אַבְרָהָם וַאֲבִי נָחוֹר, וַיַּעַבְדוּ אֱלֹהִים אֲחֵרִים: וָאֶקַּח אֶת אֲבִיכֶם אֶת אַבְרָהָם מֵעֵבֶר הַנָּהָר וָאוֹלֵךְ אוֹתוֹ בְּכָל אֶרֶץ כְּנָעַן, וָאַרְבֶּה אֶת זַרְעוֹ וָאֶתֶּן לוֹ אֶת יִצְחָק. וָאֶתֵּן לְיִצְחָק אֶת יַעֲקֹב וְאֶת עֵשָׂו. וָאֶתֵּן לְעֵשָׂו אֶת הַר שֵׂעִיר לָרֶשֶׁת אֹתוֹ, וְיַעֲקֹב וּבָנָיו יָרְדוּ מִצְרָיִם:"

In the beginning our ancestors were idol worshippers, but then the Omnipresent brought us close to His service, as it is written: "Joshua said to all the people, 'So says the Eternal God of Israel: Your fathers have always lived beyond the Euphrates

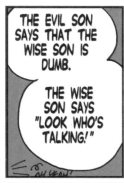

GRANDPA SAYS THAT BACK IN "HIS DAY" IT WASN'T THE FOUR "CHILDREN", IT WAS THE FOUR "SONS"
. . . AND THE SECOND ONE WAS "WICKED".
DO YOU KNOW WHAT THIS MEANS?
APPARENTLY, BACK IN GRANDPA'S DAY
THERE WERE NO BAD GIRLS.

River – Terah the father of Abraham and Nahor; they worshipped other gods. I took your father Abraham from the other side of the river and led him through all the land of Canaan. I multiplied his family and gave him Isaac. To Isaac I gave Jacob and Esau; to Esau I gave Mount Seir to inherit, and Jacob and his children went down to Egypt'" (Joshua 24:2–4).

בָּרוּךְ שׁוֹמֵר הַבְטָחָתוֹ לְיִשְׂרָאֵל. בָּרוּךְ הוּא. שֶׁהַקָּדוֹשׁ בָּרוּךְ הוּא חִשַּׁב אֶת הַקֵּץ, לַעֲשׂוֹת כְּמָה שֶּׁאָמַר לְאַבְרָהָם אָבִינוּ בִּבְרִית בֵּין הַבְּתָרִים, שֶׁנֶּאֱמַר: "וַיֹּאמֶר לְאַבְרָם, יָדֹעַ תֵּדַע כִּי גֵר יִהְיֶה זַרְעֲךָ בְּאֶרֶץ לֹא לָהֶם, וַעֲבָדוּם וְעִנּוּ אֹתָם אַרְבַּע מֵאוֹת שָׁנָה. וְגַם אֶת הַגּוֹי אֲשֶׁר יַעֲבֹדוּ דָּן אָנֹכִי וְאַחֲרֵי כֵן יֵצְאוּ בִּרְכֻשׁ גָּדוֹל:"

Blessed be He Who keeps His promise to Israel; blessed be He. The Holy One, blessed be He, predetermined the time for our final deliverance in order to fulfill what He had pledged to our father Abraham in the "covenant between the pieces," as it is written: "He said to Avram, 'You should surely know that your descendants will be strangers in a land that is not their own, and they will be enslaved and oppressed for four hundred years; however, I will judge the nation that had enslaved them, and afterwards they will leave with great wealth'" (Genesis 15:13–14).

מכסים את המצות ומגביהים את הכוס.
Cover the matzah. All raise their wine cups and say:

וְהִיא שֶׁעָמְדָה לַאֲבוֹתֵינוּ וְלָנוּ! שֶׁלֹּא אֶחָד בִּלְבָד
עָמַד עָלֵינוּ לְכַלּוֹתֵנוּ, אֶלָּא שֶׁבְּכָל דּוֹר וָדוֹר עוֹמְדִים עָלֵינוּ
לְכַלּוֹתֵנוּ, וְהַקָּדוֹשׁ בָּרוּךְ הוּא מַצִּילֵנוּ מִיָּדָם:

And this promise to our ancestors is also for us!
Not only once have they risen up to destroy us, but in
every generation they rise up to destroy us. And the
Holy One, blessed be He, saves us from their hands.

מניחים את הכוס ומגלים את המצות.
Set the wine cup down and uncover the matzahs.

צֵא וּלְמַד מַה בִּקֵּשׁ לָבָן הָאֲרַמִּי לַעֲשׂוֹת לְיַעֲקֹב אָבִינוּ.
שֶׁפַּרְעֹה לֹא גָזַר אֶלָּא עַל הַזְּכָרִים וְלָבָן בִּקֵּשׁ לַעֲקוֹר אֶת
הַכֹּל, שֶׁנֶּאֱמַר:

Go and learn: What did Lavan the Aramean want
to do to our ancestor Jacob? Pharaoh only intended to
kill the male children, while Lavan intended to uproot
all, as it is written:

"אֲרַמִּי אֹבֵד אָבִי, וַיֵּרֶד מִצְרַיְמָה וַיָּגָר שָׁם בִּמְתֵי מְעָט,
וַיְהִי שָׁם לְגוֹי גָּדוֹל, עָצוּם וָרָב:"

"The Aramean sought to destroy my father, **who
went down to Egypt and lived there, few in
number. There he became a nation,
great, mighty, and numerous**"

(Deuteronomy 26:5).

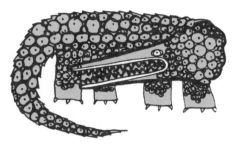

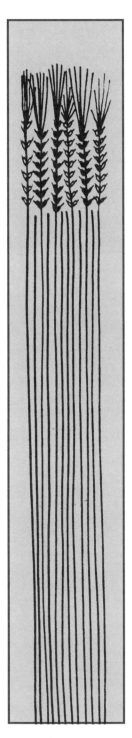

IT SAYS THAT "IN EVERY GENERATION THEY RISE UP TO DESTROY US".
BUT NOW, WITH PEOPLE LIVING LONGER
IT WORKS OUT TO TWO IN EVERY GENERATION
ONCE AN ACCOUNTANT, ALWAYS AN ACCOUNTANT!

"**He went down to Egypt**" – forced by the famine.

"וַיֵּרֶד מִצְרַיְמָה" - אָנוּס עַל פִּי הַדִּבּוּר.

"**He lived there**" – implies that he didn't come to settle in Egypt – only to reside there temporarily, as it is written: "They said to Pharaoh, 'We have come to live in this land because there is no pasture for your servants' flocks; the famine is severe in Canaan. For now, though, let your servants stay in the land of Goshen'" (Genesis 47:4).

"וַיָּגָר שָׁם" - מְלַמֵּד שֶׁלֹּא יָרַד יַעֲקֹב אָבִינוּ לְהִשְׁתַּקֵּעַ בְּמִצְרַיִם אֶלָּא לָגוּר שָׁם, שֶׁנֶּאֱמַר: "וַיֹּאמְרוּ אֶל פַּרְעֹה, לָגוּר בָּאָרֶץ בָּאנוּ, כִּי אֵין מִרְעֶה לַצֹּאן אֲשֶׁר לַעֲבָדֶיךָ, כִּי כָבֵד הָרָעָב בְּאֶרֶץ כְּנָעַן. וְעַתָּה יֵשְׁבוּ נָא עֲבָדֶיךָ בְּאֶרֶץ גֹּשֶׁן:"

"**Few in number**" – as it is written: "With seventy souls your ancestors went down to Egypt, and now the Eternal your God has made you as numerous as the stars in the sky" (Deuteronomy 10:22).

"בִּמְתֵי מְעָט" - כְּמָה שֶׁנֶּאֱמַר: "בְּשִׁבְעִים נֶפֶשׁ יָרְדוּ אֲבוֹתֶיךָ מִצְרָיְמָה, וְעַתָּה שָׂמְךָ יְיָ אֱלֹהֶיךָ כְּכוֹכְבֵי הַשָּׁמַיִם לָרֹב:"

"**There he became a nation**" – means that Israel became a distinct people in Egypt.

"וַיְהִי שָׁם לְגוֹי" - מְלַמֵּד שֶׁהָיוּ יִשְׂרָאֵל מְצֻיָּנִים שָׁם:

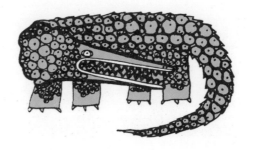

"Great, mighty" –

as it is written:
"The children of Israel
were fruitful
and increased greatly;
they multiplied
and became powerful,
and the land was full of them"
(Exodus 1:7).

"And numerous" –

as it is written:
"I made you as abundant
as the plants of the field;
you grew up
and wore choice jewels;
your breasts were firm
and your hair grew long;
yet you were bare and naked.
I will pass over you
and I will see you
wallowing in your blood
and I will say to you,
'Through your blood you will live.'
And I will say to you,
'Through your blood
you will live'"
(Ezekiel 16:7, 6).

"גָּדוֹל, עָצוּם" -
כְּמָה שֶׁנֶּאֱמַר:
"וּבְנֵי יִשְׂרָאֵל
פָּרוּ וַיִּשְׁרְצוּ וַיִּרְבּוּ
וַיַּעַצְמוּ בִּמְאֹד מְאֹד,
וַתִּמָּלֵא הָאָרֶץ אֹתָם":

"וָרָב" -
כְּמָה שֶׁנֶּאֱמַר:
"רְבָבָה
כְּצֶמַח הַשָּׂדֶה נְתַתִּיךְ,
וַתִּרְבִּי וַתִּגְדְּלִי
וַתָּבֹאִי בַּעֲדִי עֲדָיִים,
שָׁדַיִם נָכֹנוּ
וּשְׂעָרֵךְ צִמֵּחַ,
וְאַתְּ עֵרֹם וְעֶרְיָה.
וָאֶעֱבֹר עָלַיִךְ
וָאֶרְאֵךְ
מִתְבּוֹסֶסֶת בְּדָמָיִךְ,
וָאֹמַר לָךְ בְּדָמַיִךְ חֲיִי,
וָאֹמַר לָךְ בְּדָמַיִךְ חֲיִי":

"וַיָּרֵעוּ אֹתָנוּ הַמִּצְרִים וַיְעַנּוּנוּ, וַיִּתְּנוּ עָלֵינוּ עֲבֹדָה קָשָׁה:"
"The Egyptians treated us badly. They persecuted us and imposed hard labor on us" (Deuteronomy 26:6).

"The Egyptians treated us badly" –
as it is written: "Come, let us deal cunningly with them, lest they multiply, and if we have a war, they will join our enemies, fight against us, and leave the country" (Exodus 1:10).

"וַיָּרֵעוּ אֹתָנוּ הַמִּצְרִים"-
כְּמָה שֶׁנֶּאֱמַר:
"הָבָה נִתְחַכְּמָה לוֹ, פֶּן יִרְבֶּה וְהָיָה כִּי תִקְרֶאנָה מִלְחָמָה וְנוֹסַף גַּם הוּא עַל שֹׂנְאֵינוּ, וְנִלְחַם בָּנוּ וְעָלָה מִן הָאָרֶץ:"

"They persecuted us" –
as it is written: "They set taskmasters over them to oppress them with their burdens; the people of Israel built Pithom and Raamses as storage cities for Pharaoh" (Exodus 1:11).

"וַיְעַנּוּנוּ"-
כְּמָה שֶׁנֶּאֱמַר:
"וַיָּשִׂימוּ עָלָיו שָׂרֵי מִסִּים לְמַעַן עַנֹּתוֹ בְּסִבְלֹתָם. וַיִּבֶן עָרֵי מִסְכְּנוֹת לְפַרְעֹה, אֶת פִּתֹם וְאֶת רַעַמְסֵס:"

"And they imposed hard labor upon us" –
as it is written:
"They imposed back-breaking labor upon the people of Israel" (Exodus 1:13).

"וַיִּתְּנוּ עָלֵינוּ עֲבֹדָה קָשָׁה"-
כְּמָה שֶׁנֶּאֱמַר:
"וַיַּעֲבִדוּ מִצְרַיִם אֶת בְּנֵי יִשְׂרָאֵל בְּפָרֶךְ:"

"וַנִּצְעַק אֶל יְיָ אֱלֹהֵי אֲבֹתֵינוּ, וַיִּשְׁמַע יְיָ אֶת קֹלֵנוּ,
וַיַּרְא אֶת עָנְיֵנוּ וְאֶת עֲמָלֵנוּ וְאֶת לַחֲצֵנוּ:"

"We cried to the Eternal, the God of our ancestors; the Eternal heard our cry and saw our affliction, our burden, and our oppression" (Deuteronomy 26:7).

"וַנִּצְעַק אֶל יְיָ אֱלֹהֵי אֲבֹתֵינוּ" - כְּמָה שֶׁנֶּאֱמַר:
"וַיְהִי בַיָּמִים הָרַבִּים הָהֵם
וַיָּמָת מֶלֶךְ מִצְרַיִם,
וַיֵּאָנְחוּ בְנֵי יִשְׂרָאֵל
מִן הָעֲבוֹדָה וַיִּזְעָקוּ,
וַתַּעַל שַׁוְעָתָם
אֶל הָאֱלֹהִים מִן הָעֲבֹדָה:"

"We cried to the Eternal, the God of our ancestors" – as it is written: "It happened in the course of those many days that the king of Egypt died; the children of Israel sighed because of their labor and cried; their pleas went up before God" (Exodus 2:23).

"וַיִּשְׁמַע יְיָ אֶת קֹלֵנוּ" - כְּמָה שֶׁנֶּאֱמַר:
"וַיִּשְׁמַע אֱלֹהִים
אֶת נַאֲקָתָם,
וַיִּזְכֹּר אֱלֹהִים
אֶת בְּרִיתוֹ, אֶת אַבְרָהָם,
אֶת יִצְחָק וְאֶת יַעֲקֹב:"

"The Eternal heard our cry" – as it is written: "God heard their groaning; God remembered His covenant with Abraham, with Isaac, and with Jacob" (Exodus 2:24).

"And saw our affliction" – that is, the separation of husbands and wives, as it is written: "God saw the children of Israel and God knew" (Exodus 2:25).

"וַיַּרְא אֶת עָנְיֵנוּ" -
זוֹ פְּרִישׁוּת דֶּרֶךְ אֶרֶץ,
כְּמָה שֶׁנֶּאֱמַר:
"וַיַּרְא אֱלֹהִים
אֶת בְּנֵי יִשְׂרָאֵל
וַיֵּדַע אֱלֹהִים:"

"Our burden" – these are the sons, as it is written: "Every son that is born you will throw into the river, but you shall let every daughter live" (Exodus 1:22).

"וְאֶת עֲמָלֵנוּ" -
אֵלּוּ הַבָּנִים,
כְּמָה שֶׁנֶּאֱמַר:
"כָּל הַבֵּן הַיִּלּוֹד הַיְאֹרָה
תַּשְׁלִיכֻהוּ
וְכָל הַבַּת תְּחַיּוּן:"

"Our oppression" – this is the pressure used upon them, as it is written: "I have also seen how the Egyptians are oppressing them" (Exodus 3:9).

"וְאֶת לַחֲצֵנוּ" -
זֶה הַדְּחַק,
כְּמָה שֶׁנֶּאֱמַר:
"וְגַם רָאִיתִי
אֶת הַלַּחַץ
אֲשֶׁר מִצְרַיִם
לֹחֲצִים אֹתָם:"

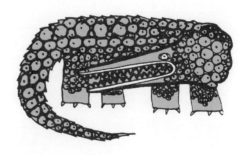

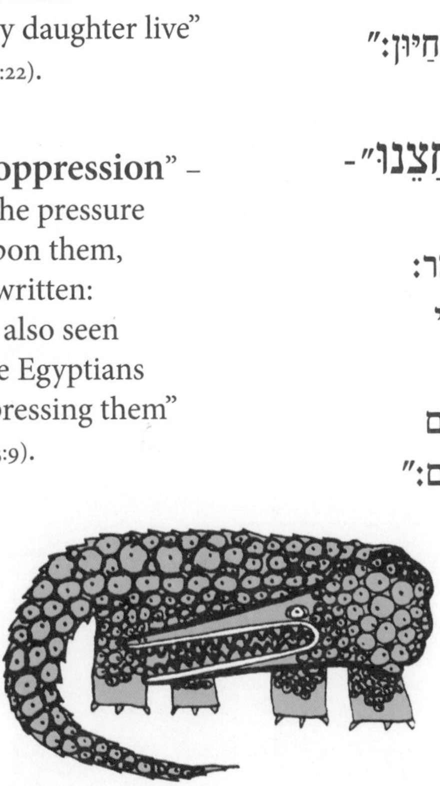

"וַיּוֹצִאֵנוּ יְיָ מִמִּצְרַיִם בְּיָד חֲזָקָה וּבִזְרֹעַ נְטוּיָה,
וּבְמֹרָא גָּדֹל, וּבְאֹתוֹת וּבְמֹפְתִים:"

"The Eternal brought us out of Egypt with a mighty hand and outstretched arm, with great awe, miraculous signs, and wonders" (Deuteronomy 26:8).

"The Eternal brought us out of Egypt" – not by an angel, not by a seraph, not by a messenger, but by the Holy One, blessed be He, Himself, as it is written:

"וַיּוֹצִאֵנוּ יְיָ מִמִּצְרַיִם" -
לֹא עַל יְדֵי מַלְאָךְ,
וְלֹא עַל יְדֵי שָׂרָף,
וְלֹא עַל יְדֵי שָׁלִיחַ,
אֶלָּא הַקָּדוֹשׁ
בָּרוּךְ הוּא בִּכְבוֹדוֹ וּבְעַצְמוֹ,
שֶׁנֶּאֱמַר:

"I will pass through the land of Egypt on that night; I will smite all the firstborn in the land of Egypt from man to beast; on all the gods of Egypt I will execute judgments; I am the Eternal" (Exodus 12:12).

"וְעָבַרְתִּי בְאֶרֶץ
מִצְרַיִם בַּלַּיְלָה הַזֶּה,
וְהִכֵּיתִי כָל בְּכוֹר
בְּאֶרֶץ מִצְרַיִם
מֵאָדָם וְעַד בְּהֵמָה,
וּבְכָל אֱלֹהֵי מִצְרַיִם
אֶעֱשֶׂה שְׁפָטִים,
אֲנִי יְיָ:"

"I will pass through
the land of Egypt
on that night" –
  I and not an angel;
"I will smite
all the firstborn
in the land of Egypt" –
  I and not a seraph;
"On all the gods
of Egypt I will
execute judgments" –
  I and not a messenger;
"I am the Eternal" –
  I and none other.

"With a mighty hand" –
this is the cattle disease,
as it is written:
"Behold, the hand
of the Eternal
strikes your cattle
which are in the field,
the horses, the donkeys,
the camels, the herds,
and the flocks –
a very severe pestilence"
(Exodus 9:3).

"וְעָבַרְתִּי בְאֶרֶץ מִצְרַיִם
בַּלַּיְלָה הַזֶּה" -
אֲנִי וְלֹא מַלְאָךְ,
"וְהִכֵּיתִי כָל בְּכוֹר
בְּאֶרֶץ מִצְרַיִם" -
אֲנִי וְלֹא שָׂרָף,
"וּבְכָל אֱלֹהֵי מִצְרַיִם
אֶעֱשֶׂה שְׁפָטִים" -
אֲנִי וְלֹא הַשָּׁלִיחַ,
"אֲנִי יְיָ" -
אֲנִי הוּא וְלֹא אַחֵר.

"בְּיָד חֲזָקָה" -
זוֹ הַדֶּבֶר, כְּמָה שֶׁנֶּאֱמַר:
"הִנֵּה יַד יְיָ
הוֹיָה בְּמִקְנְךָ
אֲשֶׁר בַּשָּׂדֶה,
בַּסּוּסִים, בַּחֲמֹרִים,
בַּגְּמַלִּים, בַּבָּקָר וּבַצֹּאן,
דֶּבֶר כָּבֵד מְאֹד:"

"And with an outstretched arm" –
this is the sword,
as it is written:
"His drawn sword in his hand,
outstretched
over Jerusalem"
(1 Chronicles 21:16).

"With great awe" –
this is the revelation of
the Eternal Presence,
as it is written:
"Has God ever attempted
to take unto Himself a nation
from the midst of another nation
by trials, miraculous signs,
and wonders,
and by war,
and with a mighty hand
and outstretched arm,
and with awesome
manifestations,
the way you saw
what your God
did for you in Egypt?"
(Deuteronomy 4:34).

"וּבִזְרֹעַ נְטוּיָה" -
זוֹ הַחֶרֶב,
כְּמָה שֶׁנֶּאֱמַר:
"וְחַרְבּוֹ שְׁלוּפָה בְּיָדוֹ,
נְטוּיָה
עַל יְרוּשָׁלָיִם:"

"וּבְמֹרָא גָדֹל" -
זוֹ גִלּוּי שְׁכִינָה,
כְּמָה שֶׁנֶּאֱמַר:
"אוֹ הֲנִסָּה אֱלֹהִים
לָבוֹא לָקַחַת לוֹ
גוֹי מִקֶּרֶב גּוֹי
בְּמַסֹּת בְּאֹתֹת וּבְמוֹפְתִים
וּבְמִלְחָמָה,
וּבְיָד חֲזָקָה
וּבִזְרוֹעַ נְטוּיָה
וּבְמוֹרָאִים גְּדֹלִים,
כְּכֹל אֲשֶׁר עָשָׂה לָכֶם יְיָ
אֱלֹהֵיכֶם בְּמִצְרַיִם לְעֵינֶיךָ:"

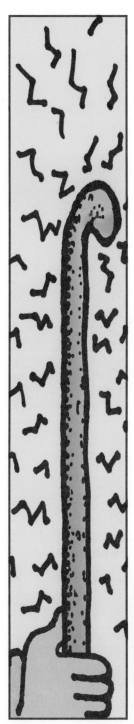

"**Miraculous signs**" –
this is the staff of Moses,
as it is written:
"Take this staff
in your hand,
that you may perform
the signs with it"
(Exodus 4:17).

"וּבְאֹתוֹת" -
זֶה הַמַּטֶּה,
כְּמָה שֶׁנֶּאֱמַר:
"וְאֶת הַמַּטֶּה הַזֶּה
תִּקַּח בְּיָדֶךָ,
אֲשֶׁר תַּעֲשֶׂה בּוֹ
אֶת הָאֹתֹת:"

"**And wonders**" –
this is the blood,
as it is written:
"I will show wonders
in heaven and on earth..."
(Joel 3:3).

"וּבְמֹפְתִים" -
זֶה הַדָּם,
כְּמָה שֶׁנֶּאֱמַר:
"וְנָתַתִּי מוֹפְתִים
בַּשָּׁמַיִם וּבָאָרֶץ..."

עֶשֶׂר מַכּוֹת
THE TEN PLAGUES

נָהוּג לְטַפְטֵף טִיפַת יַיִן כַּאֲשֶׁר כָּל מַגֵּפָה נֶאֱמֶרֶת,
כְּדֵי לְצַמְצֵם אֶת שִׂמְחָתֵנוּ עַל סִבְלָם שֶׁל אוֹיְבֵינוּ.

It is customary to drip out a drop of wine from one's wine glass as the words *Dam va'eish v'timrot ashan* are said. This is done for each plague and for the words *D'TZaCH, ADaSH, B'ACHaV.* This is to diminish our joy at the suffering of our enemies.

"...דָּם וָאֵשׁ וְתִימְרוֹת עָשָׁן:"

Dam va'eish v'timrot ashan.

"…Blood and fire and pillars of smoke" (Joel 3:3).

Another interpretation:

דָּבָר אַחֵר:

"strong hand" indicates two plagues;
"בְּיָד חֲזָקָה" - שְׁתַּיִם,

"outstretched arm" indicates two;
"וּבִזְרֹעַ נְטוּיָה" - שְׁתַּיִם,

"great awe" indicates two;
"וּבְמֹרָא גָּדֹל" - שְׁתַּיִם,

"signs" indicates two;
"וּבְאֹתוֹת" - שְׁתַּיִם,

and "wonders" indicates two more.
"וּבְמֹפְתִים" - שְׁתַּיִם:

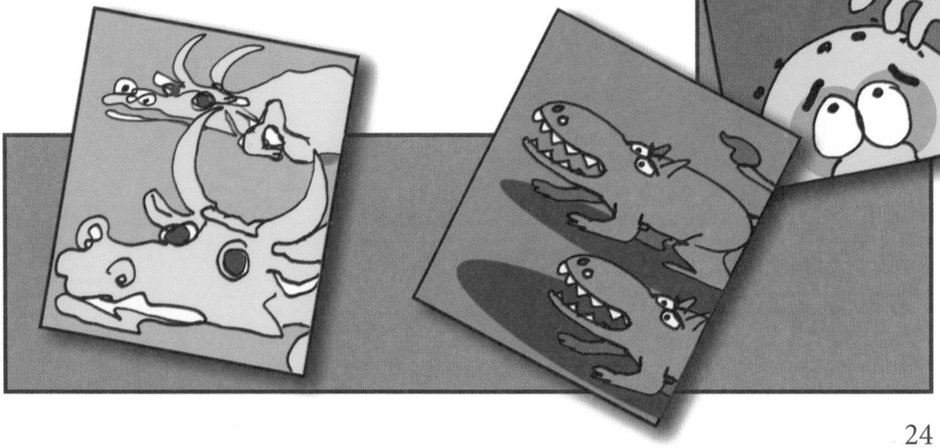

These are the ten plagues that the Holy One, blessed be He, brought on the Egyptians in Egypt, and they are:

אֵלוּ עֶשֶׂר מַכּוֹת שֶׁהֵבִיא הַקָּדוֹשׁ בָּרוּךְ הוּא עַל הַמִּצְרִים בְּמִצְרַיִם, וְאֵלוּ הֵן:

Blood	Dam	דָּם
Frogs	Tzfardea	צְפַרְדֵּעַ
Lice	Kinim	כִּנִּים
Beasts	Arov	עָרוֹב
Cattle Plague	Dever	דֶּבֶר
Boils	Shchin	שְׁחִין
Hail	Barad	בָּרָד
Locusts	Arbeh	אַרְבֶּה
Darkness	Choshech	חֹשֶׁךְ
Slaying of the Firstborn	Makat Bechorot	מַכַּת בְּכוֹרוֹת

Rabbi Judah referred to them by their Hebrew initials:

D'TZaCH
ADaSH
B'ACHaV

רַבִּי יְהוּדָה הָיָה נוֹתֵן בָּהֶם סְמָנִים:
דְּצַ"ךְ
עַדַ"שׁ
בְּאַחַ"ב:

25

חוזרים וממלאים את הכוסות.

Refill the cups with wine.

רַבִּי יוֹסֵי
הַגְּלִילִי אוֹמֵר:
מִנַּיִן אַתָּה אוֹמֵר
שֶׁלָּקוּ הַמִּצְרִים בְּמִצְרַיִם
עֶשֶׂר מַכּוֹת וְעַל הַיָּם
לָקוּ חֲמִשִּׁים מַכּוֹת?
בְּמִצְרַיִם מָה הוּא אוֹמֵר?
"וַיֹּאמְרוּ הַחַרְטֻמִּים אֶל פַּרְעֹה:
אֶצְבַּע אֱלֹהִים הִוא."
וְעַל הַיָּם מָה הוּא אוֹמֵר?
"וַיַּרְא יִשְׂרָאֵל אֶת הַיָּד
הַגְּדֹלָה אֲשֶׁר עָשָׂה
יְיָ בְּמִצְרַיִם, וַיִּירְאוּ
הָעָם אֶת יְיָ, וַיַּאֲמִינוּ בַּייָ
וּבְמֹשֶׁה עַבְדּוֹ:" כַּמָּה לָקוּ
בְּאֶצְבַּע? עֶשֶׂר מַכּוֹת.
אֱמוֹר מֵעַתָּה:
בְּמִצְרַיִם לָקוּ עֶשֶׂר מַכּוֹת
וְעַל הַיָּם לָקוּ חֲמִשִּׁים מַכּוֹת:

Rabbi Yose the Galilean says: What is the source for claiming that after the ten plagues in Egypt, the Egyptians suffered fifty plagues at the Sea? About the plagues in Egypt the Torah says that "the magicians said to Pharaoh, it is the finger of God" (Exodus 8:15).

However, at the Sea, the Torah says that "Israel saw the great hand that the Eternal laid upon the Egyptians, and the people revered the Eternal and they believed in the Eternal and in His servant Moses" (Exodus 14:31). How many plagues did the Egyptians receive from one finger? Ten.

From this we can deduce that if they suffered ten plagues in Egypt [from the finger], they suffered fifty at the Sea [from the hand].

Rabbi Eliezer says:
What is the source
for claiming that every
plague that God
inflicted upon the
Egyptians in Egypt
was equal to four plagues?

It is written:
"He sent upon them
His fierce anger, wrath, fury
and trouble, a band of evil
messengers" (Psalms 78:49).

"Fierce anger" is one,
"wrath" is two,
"fury and trouble" is three,
and "a band of evil
messengers" is four.

From this we can calculate
that they suffered
forty plagues in Egypt
and two hundred
at the Sea.

רַבִּי אֱלִיעֶזֶר אוֹמֵר:
מִנַּיִן שֶׁכָּל מַכָּה וּמַכָּה
שֶׁהֵבִיא הַקָּדוֹשׁ בָּרוּךְ הוּא
עַל הַמִּצְרִים בְּמִצְרַיִם
הָיְתָה שֶׁל אַרְבַּע מַכּוֹת?

שֶׁנֶּאֱמַר:
"יְשַׁלַּח בָּם חֲרוֹן אַפּוֹ,
עֶבְרָה וָזַעַם וְצָרָה,
מִשְׁלַחַת מַלְאֲכֵי רָעִים."

"עֶבְרָה" - אַחַת,
"וָזַעַם" - שְׁתַּיִם,
"וְצָרָה" - שָׁלֹשׁ,
"מִשְׁלַחַת מַלְאֲכֵי
רָעִים" - אַרְבַּע.

אֱמוֹר מֵעַתָּה:
בְּמִצְרַיִם
לָקוּ אַרְבָּעִים מַכּוֹת
וְעַל הַיָּם
לָקוּ מָאתַיִם מַכּוֹת:

Rabbi Akiva says:
What is the source
for saying that
every plague that
God inflicted upon
the Egyptians in Egypt
was equal to five plagues?

רַבִּי עֲקִיבָא אוֹמֵר:
מִנַּיִן שֶׁכָּל מַכָּה וּמַכָּה
שֶׁהֵבִיא הַקָּדוֹשׁ בָּרוּךְ הוּא
עַל הַמִּצְרִים בְּמִצְרַיִם הָיְתָה
שֶׁל חָמֵשׁ מַכּוֹת?

It is written:
“He sent upon them
His fierce anger,
wrath, fury and trouble,
a band of evil messengers.”

שֶׁנֶּאֱמַר: ״יְשַׁלַּח בָּם חֲרוֹן
אַפּוֹ, עֶבְרָה וָזַעַם וְצָרָה,
מִשְׁלַחַת מַלְאֲכֵי רָעִים.״

“Fierce anger” – one;
“wrath” – two;
“fury” – three;
“trouble” – four;
“a band of evil
messengers” – five.

״חֲרוֹן אַפּוֹ״ - אַחַת,
״עֶבְרָה״ - שְׁתַּיִם,
״וָזַעַם״ - שָׁלֹשׁ,
״וְצָרָה״ - אַרְבַּע,
״מִשְׁלַחַת מַלְאֲכֵי
רָעִים״ - חָמֵשׁ.

From this we can conclude
that they suffered
fifty plagues in Egypt
and two hundred
fifty at the Sea.

אֱמוֹר מֵעַתָּה:
בְּמִצְרַיִם לָקוּ חֲמִשִּׁים מַכּוֹת
וְעַל הַיָּם לָקוּ חֲמִשִּׁים
וּמָאתַיִם מַכּוֹת:

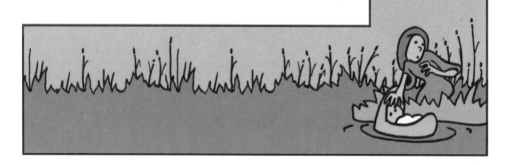

דיינו

DAYENU

כַּמָּה מַעֲלוֹת טוֹבוֹת לַמָּקוֹם עָלֵינוּ!

How many good deeds has the Eternal done for us!

אִלּוּ הוֹצִיאָנוּ מִמִּצְרַיִם
וְלֹא עָשָׂה
בָהֶם שְׁפָטִים, דַּיֵּנוּ.

Had He brought us out of Egypt, and not executed judgments against the Egyptians, it would have been enough for us – *dayenu.*

אִלּוּ עָשָׂה
בָהֶם שְׁפָטִים
וְלֹא עָשָׂה
בֵּאלֹהֵיהֶם, דַּיֵּנוּ.

Had He executed judgments against the Egyptians, and not their gods, it would have been enough for us – *dayenu.*

אִלּוּ עָשָׂה
בֵּאלֹהֵיהֶם
וְלֹא הָרַג אֶת
בְּכוֹרֵיהֶם, דַּיֵּנוּ.

Had He executed judgments against their gods and not slain their firstborn, it would have been enough for us – *dayenu.*

אִלּוּ הָרַג אֶת
בְּכוֹרֵיהֶם
וְלֹא נָתַן לָנוּ
אֶת מָמוֹנָם, דַּיֵּנוּ.

Had He slain their firstborn, and not given us their riches, it would have been enough for us – *dayenu.*

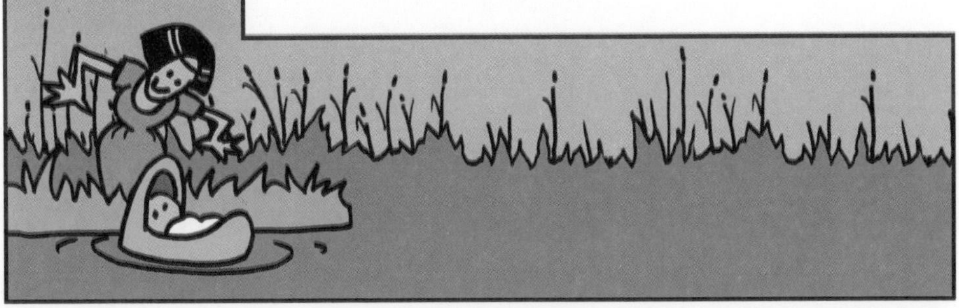

Had He given us their
riches, and not split the
Sea for us, it would have
been enough for us – *dayenu*.

Had He split the Sea for
us, and not led us through
it on dry land, it would have
been enough for us – *dayenu*.

Had He led us through
it on dry land, and not
drowned our tormentors,
it would have been enough
for us – *dayenu*.

Had He drowned our
tormentors, and not
satisfied our needs in
the desert for forty years,
it would have been enough
for us – *dayenu*.

Had He satisfied our
needs in the desert for
forty years, and not fed
us the manna, it would have
been enough for us – *dayenu*.

אִלּוּ נָתַן לָנוּ
אֶת מָמוֹנָם
וְלֹא קָרַע לָנוּ
אֶת הַיָּם,   דַּיֵּנוּ.

אִלּוּ קָרַע לָנוּ
אֶת הַיָּם
וְלֹא הֶעֱבִירָנוּ
בְתוֹכוֹ בֶּחָרָבָה,   דַּיֵּנוּ.

אִלּוּ הֶעֱבִירָנוּ
בְתוֹכוֹ בֶּחָרָבָה
וְלֹא שִׁקַּע
צָרֵינוּ בְּתוֹכוֹ,   דַּיֵּנוּ.

אִלּוּ שִׁקַּע
צָרֵינוּ בְּתוֹכוֹ
וְלֹא סִפֵּק צָרְכֵּנוּ בַּמִּדְבָּר
אַרְבָּעִים שָׁנָה,   דַּיֵּנוּ.

אִלּוּ סִפֵּק צָרְכֵּנוּ בַּמִּדְבָּר
אַרְבָּעִים שָׁנָה
וְלֹא הֶאֱכִילָנוּ
אֶת הַמָּן,   דַּיֵּנוּ.

FIRST...
I HAVE PICKED
YOUR NATION TO
BE MY CHOSEN
PEOPLE,

AND SECOND...
I WILL GIVE YOU
MY LAWS AND
COMMANDMENTS
FOR YOU TO BE A
LIGHT UNTO THE
NATIONS.

AND WILL
THIS WIN US
THE LOVE OF
THE OTHER
NATIONS?

LISTEN...
TWO OUT OF
THREE IS NOT
BAD!

Had He fed us the manna, and not given us the Sabbath, it would have been enough for us – *dayenu*.

Had He given us the Sabbath, and not brought us to Mount Sinai, it would have been enough for us – *dayenu*.

Had He brought us to Mount Sinai, and not given us the Torah, it would have been enough for us – *dayenu*.

Had He given us the Torah, and not brought us into the Land of Israel, it would have been enough for us – *dayenu*.

Had He brought us into the Land of Israel, and not built the Temple for us, it would have been enough for us – *dayenu*.

אִלּוּ הֶאֱכִילָנוּ
אֶת הַמָּן
וְלֹא נָתַן לָנוּ
אֶת הַשַּׁבָּת,   דַּיֵּנוּ.

אִלּוּ נָתַן לָנוּ
אֶת הַשַּׁבָּת
וְלֹא קֵרְבָנוּ
לִפְנֵי הַר סִינַי,   דַּיֵּנוּ.

אִלּוּ קֵרְבָנוּ
לִפְנֵי הַר סִינַי,
וְלֹא נָתַן לָנוּ
אֶת הַתּוֹרָה,   דַּיֵּנוּ.

אִלּוּ נָתַן לָנוּ
אֶת הַתּוֹרָה
וְלֹא הִכְנִיסָנוּ
לְאֶרֶץ יִשְׂרָאֵל,   דַּיֵּנוּ.

אִלּוּ הִכְנִיסָנוּ
לְאֶרֶץ יִשְׂרָאֵל
וְלֹא בָנָה לָנוּ
אֶת בֵּית הַבְּחִירָה,   דַּיֵּנוּ.

How doubled and
redoubled are the deeds
that God has done for us.

For He took us out of Egypt
and executed judgment
    against them
and against their gods
and slew their firstborn
and gave us their riches
and split the Sea for us
and led us through it
    on dry land
and drowned our
    tormentors in it
and provided for our needs
    in the desert for forty years
and fed us manna
and gave us the Sabbath
and brought us to Mount Sinai
and gave us the Torah
and brought us into
    the Land of Israel
and built the Temple
    to atone for all our sins.

עַל אַחַת כַּמָּה וְכַמָּה,
טוֹבָה כְפוּלָה וּמְכֻפֶּלֶת
לַמָּקוֹם עָלֵינוּ:

שֶׁהוֹצִיאָנוּ מִמִּצְרַיִם,
וְעָשָׂה בָהֶם שְׁפָטִים,
וְעָשָׂה בֵאלֹהֵיהֶם,
וְהָרַג אֶת בְּכוֹרֵיהֶם,
וְנָתַן לָנוּ אֶת מָמוֹנָם,
וְקָרַע לָנוּ אֶת הַיָּם,
וְהֶעֱבִירָנוּ בְתוֹכוֹ בֶּחָרָבָה,
וְשִׁקַּע צָרֵינוּ בְּתוֹכוֹ,
וְסִפֵּק צָרְכֵּנוּ בַּמִּדְבָּר
אַרְבָּעִים שָׁנָה,
וְהֶאֱכִילָנוּ אֶת הַמָּן,
וְנָתַן לָנוּ אֶת הַשַּׁבָּת,
וְקֵרְבָנוּ לִפְנֵי הַר סִינַי,
וְנָתַן לָנוּ אֶת הַתּוֹרָה,
וְהִכְנִיסָנוּ לְאֶרֶץ יִשְׂרָאֵל,
וּבָנָה לָנוּ אֶת בֵּית הַבְּחִירָה
לְכַפֵּר עַל כָּל עֲוֹנוֹתֵינוּ:

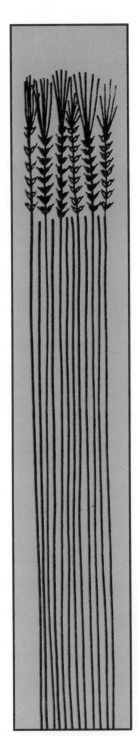

רַבָּן גַּמְלִיאֵל הָיָה אוֹמֵר: כָּל שֶׁלֹּא אָמַר שְׁלֹשָׁה דְּבָרִים אֵלּוּ בַּפֶּסַח, לֹא יָצָא יְדֵי חוֹבָתוֹ, וְאֵלּוּ הֵן:

פֶּסַח, מַצָּה, וּמָרוֹר:

Rabbi Gamliel used to say: Whoever does not speak of three things on Passover has not fulfilled the obligation [of the Seder], and these are the three:

Passover, Matzah, and *Maror*

אומרים ללא הגבהת הזרוע:
Say without lifting the shank bone:

פֶּסַח שֶׁהָיוּ אֲבוֹתֵינוּ אוֹכְלִים בִּזְמַן שֶׁבֵּית הַמִּקְדָּשׁ הָיָה קַיָּם, עַל שׁוּם מָה? עַל שׁוּם שֶׁפָּסַח הַקָּדוֹשׁ בָּרוּךְ הוּא עַל בָּתֵּי אֲבוֹתֵינוּ בְּמִצְרַיִם, שֶׁנֶּאֱמַר: "וַאֲמַרְתֶּם זֶבַח פֶּסַח הוּא לַיְיָ, אֲשֶׁר פָּסַח עַל בָּתֵּי בְנֵי יִשְׂרָאֵל בְּמִצְרַיִם, בְּנָגְפּוֹ אֶת מִצְרַיִם וְאֶת בָּתֵּינוּ הִצִּיל, וַיִּקֹּד הָעָם וַיִּשְׁתַּחֲווּ:"

The Passover offering that our ancestors ate at the time when the Holy Temple still stood: what was the reason for it? Because the Holy One, blessed be He, "passed over" the houses of our ancestors in Egypt, as it is written: "And you shall say, 'It is the Passover offering for the Eternal, Who passed over the houses of the Israelites in Egypt when He struck Egypt but saved our houses. And the people bowed down and prostrated themselves'" (Exodus 12:27).

מגביהים את המצות ואומרים:
Lift the matzahs and say:

מַצָּה זוֹ שֶׁאָנוּ אוֹכְלִים, עַל שׁוּם מָה? עַל שׁוּם שֶׁלֹּא
הִסְפִּיק בְּצֵקָם שֶׁל אֲבוֹתֵינוּ לְהַחֲמִיץ עַד שֶׁנִּגְלָה עֲלֵיהֶם
מֶלֶךְ מַלְכֵי הַמְּלָכִים, הַקָּדוֹשׁ בָּרוּךְ הוּא, וּגְאָלָם, שֶׁנֶּאֱמַר:
"וַיֹּאפוּ אֶת הַבָּצֵק אֲשֶׁר הוֹצִיאוּ מִמִּצְרַיִם עֻגֹת מַצּוֹת, כִּי
לֹא חָמֵץ, כִּי גֹרְשׁוּ מִמִּצְרַיִם וְלֹא יָכְלוּ לְהִתְמַהְמֵהַּ, וְגַם
צֵדָה לֹא עָשׂוּ לָהֶם:"

This matzah that we are eating: for what reason?
Because there was not enough time for the dough
of our ancestors to rise before the King of kings, the
Holy One, blessed be He, revealed Himself to them
and redeemed them. As it is written: "And they baked
the dough that they had taken with them out of Egypt
into matzah – cakes of unleavened bread – which had
not risen, for having been driven out of Egypt they
could not delay, nor had they prepared for themselves
provisions for the way" (Exodus 12:39).

מגביהים את המרור ואומרים:
Lift the bitter herbs and say:

מָרוֹר זֶה שֶׁאָנוּ אוֹכְלִים, עַל שׁוּם מָה? עַל שׁוּם שֶׁמֵּרְרוּ
הַמִּצְרִים אֶת חַיֵּי אֲבוֹתֵינוּ בְּמִצְרַיִם, שֶׁנֶּאֱמַר: "וַיְמָרְרוּ אֶת
חַיֵּיהֶם בַּעֲבֹדָה קָשָׁה, בְּחֹמֶר וּבִלְבֵנִים וּבְכָל עֲבֹדָה בַּשָּׂדֶה,
אֵת כָּל עֲבֹדָתָם אֲשֶׁר עָבְדוּ בָהֶם בְּפָרֶךְ:"

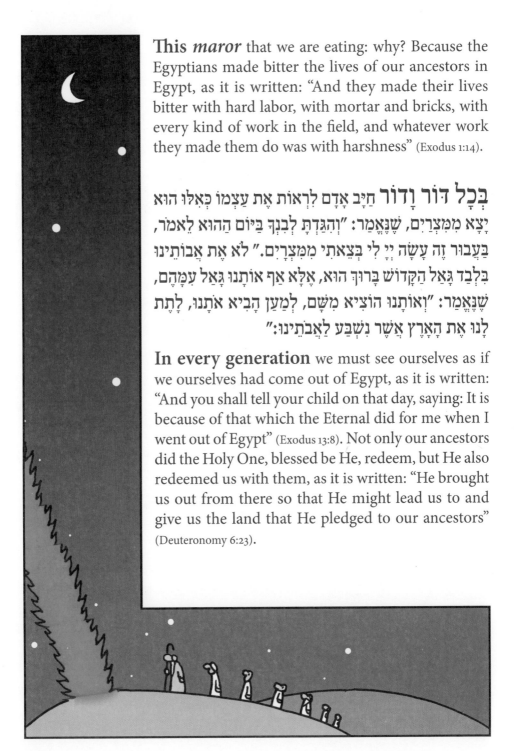

This *maror* that we are eating: why? Because the Egyptians made bitter the lives of our ancestors in Egypt, as it is written: "And they made their lives bitter with hard labor, with mortar and bricks, with every kind of work in the field, and whatever work they made them do was with harshness" (Exodus 1:14).

בְּכָל דּוֹר וָדוֹר חַיָּב אָדָם לִרְאוֹת אֶת עַצְמוֹ כְּאִלּוּ הוּא יָצָא מִמִּצְרַיִם, שֶׁנֶּאֱמַר: "וְהִגַּדְתָּ לְבִנְךָ בַּיּוֹם הַהוּא לֵאמֹר, בַּעֲבוּר זֶה עָשָׂה יְיָ לִי בְּצֵאתִי מִמִּצְרָיִם." לֹא אֶת אֲבוֹתֵינוּ בִּלְבַד גָּאַל הַקָּדוֹשׁ בָּרוּךְ הוּא, אֶלָּא אַף אוֹתָנוּ גָּאַל עִמָּהֶם, שֶׁנֶּאֱמַר: "וְאוֹתָנוּ הוֹצִיא מִשָּׁם, לְמַעַן הָבִיא אֹתָנוּ, לָתֶת לָנוּ אֶת הָאָרֶץ אֲשֶׁר נִשְׁבַּע לַאֲבֹתֵינוּ:"

In every generation we must see ourselves as if we ourselves had come out of Egypt, as it is written: "And you shall tell your child on that day, saying: It is because of that which the Eternal did for me when I went out of Egypt" (Exodus 13:8). Not only our ancestors did the Holy One, blessed be He, redeem, but He also redeemed us with them, as it is written: "He brought us out from there so that He might lead us to and give us the land that He pledged to our ancestors" (Deuteronomy 6:23).

מגביהים את הכוס. Raise your wine cup.

לְפִיכָךְ אֲנַחְנוּ חַיָּבִים לְהוֹדוֹת, לְהַלֵּל, לְשַׁבֵּחַ, לְפָאֵר,
לְרוֹמֵם, לְהַדֵּר, לְבָרֵךְ, לְעַלֵּה וּלְקַלֵּס לְמִי שֶׁעָשָׂה לַאֲבוֹתֵינוּ
וְלָנוּ אֶת כָּל הַנִּסִּים הָאֵלּוּ: הוֹצִיאָנוּ מֵעַבְדוּת לְחֵרוּת,
מִיָּגוֹן לְשִׂמְחָה, וּמֵאֵבֶל לְיוֹם טוֹב, וּמֵאֲפֵלָה לְאוֹר גָּדוֹל,
וּמִשִּׁעְבּוּד לִגְאֻלָּה, וְנֹאמַר לְפָנָיו שִׁירָה חֲדָשָׁה: הַלְלוּיָהּ:

Therefore we are obligated to thank, praise, glorify,
exalt, honor, bless, elevate, and celebrate Him Who
performed all these miracles for our ancestors and us!
He brought us from slavery to freedom, from sorrow
to joy, from mourning to festivity, from darkness to
great light, and from slavery to redemption! And we
shall sing a new song before Him. Halleluyah.

מניחים את הכוס. Put the cup down.

Praise God,
you servants of God,
praise the name of the Eternal.
Praised be
the name of God forever.
From the rising of the sun
until the setting of the sun,
God's name is to be praised.
God is above all nations;
His glory is above the heavens.

הַלְלוּיָהּ הַלְלוּ עַבְדֵי יְהֹוָה
הַלְלוּ אֶת שֵׁם יְהֹוָה.
יְהִי שֵׁם יְהֹוָה מְבֹרָךְ
מֵעַתָּה וְעַד עוֹלָם.
מִמִּזְרַח שֶׁמֶשׁ עַד מְבוֹאוֹ
מְהֻלָּל שֵׁם יְהֹוָה.
רָם עַל כָּל גּוֹיִם יְהֹוָה
עַל הַשָּׁמַיִם כְּבוֹדוֹ.

36

Who is like our God,
Who lives above all?
Who humbles Himself
to look down at what is in heaven,
and on the earth!
He raises the poor
out of the dust,
and lifts the needy
out of the ash heap
to seat them with princes,
even with the princes
of His people. He turns a
barren woman into a joyful
mother of children.
Praise God (Psalms 113).

מִי כַּיהוָה אֱלֹהֵינוּ
הַמַּגְבִּיהִי לָשָׁבֶת.
הַמַּשְׁפִּילִי לִרְאוֹת
בַּשָּׁמַיִם וּבָאָרֶץ.
מְקִימִי מֵעָפָר דָּל
מֵאַשְׁפֹּת יָרִים אֶבְיוֹן.
לְהוֹשִׁיבִי עִם נְדִיבִים
עִם נְדִיבֵי עַמּוֹ.
מוֹשִׁיבִי עֲקֶרֶת הַבַּיִת
אֵם הַבָּנִים שְׂמֵחָה,
הַלְלוּיָהּ:

When Israel went out
   of Egypt, the house of Jacob
   from a people
   of foreign language,
Judah was His sanctuary,
   and Israel His dominion.
The Sea saw it, and fled:
   the Jordan River
   turned back.
The mountains
   skipped like rams,
   and the little hills like lambs.

בְּצֵאת יִשְׂרָאֵל
מִמִּצְרָיִם, בֵּית יַעֲקֹב
מֵעַם לֹעֵז.
הָיְתָה יְהוּדָה לְקָדְשׁוֹ
יִשְׂרָאֵל מַמְשְׁלוֹתָיו.
הַיָּם רָאָה וַיָּנֹס
הַיַּרְדֵּן יִסֹּב לְאָחוֹר.
הֶהָרִים רָקְדוּ כְאֵילִים
גְּבָעוֹת כִּבְנֵי צֹאן.

What ails you, O Sea, that you flee? O Jordan, that you turn back?	מַה לְּךָ הַיָּם כִּי תָנוּס הַיַּרְדֵּן תִּסֹּב לְאָחוֹר.
O mountains, that you skip like rams; and you little hills, like lambs?	הֶהָרִים תִּרְקְדוּ כְאֵילִים גְּבָעוֹת כִּבְנֵי צֹאן.
Tremble, O earth, at the presence of the Eternal, at the presence of the God of Jacob,	מִלִּפְנֵי אָדוֹן חוּלִי אָרֶץ מִלִּפְנֵי אֱלוֹהַּ יַעֲקֹב.
Who turns solid rock into a pool of water, flint stone into a flowing stream (Psalms 114).	הַהֹפְכִי הַצּוּר אֲגַם מָיִם חַלָּמִישׁ לְמַעְיְנוֹ מָיִם:

Raise your cup again. מגביהים את הכוס.

בָּרוּךְ אַתָּה יְיָ אֱלֹהֵינוּ מֶלֶךְ הָעוֹלָם, אֲשֶׁר גְּאָלָנוּ וְגָאַל אֶת אֲבוֹתֵינוּ מִמִּצְרַיִם, וְהִגִּיעָנוּ לַלַּיְלָה הַזֶּה לֶאֱכָל בּוֹ מַצָּה וּמָרוֹר. כֵּן יְיָ אֱלֹהֵינוּ וֵאלֹהֵי אֲבוֹתֵינוּ יַגִּיעֵנוּ לְמוֹעֲדִים וְלִרְגָלִים אֲחֵרִים הַבָּאִים לִקְרָאתֵנוּ לְשָׁלוֹם, שְׂמֵחִים בְּבִנְיַן עִירֶךָ וְשָׂשִׂים בַּעֲבוֹדָתֶךָ. וְנֹאכַל שָׁם מִן הַזְּבָחִים וּמִן הַפְּסָחִים אֲשֶׁר יַגִּיעַ דָּמָם עַל קִיר מִזְבַּחֲךָ לְרָצוֹן, וְנוֹדֶה לְךָ שִׁיר חָדָשׁ עַל גְּאֻלָּתֵנוּ וְעַל פְּדוּת נַפְשֵׁנוּ. בָּרוּךְ אַתָּה יְיָ גָּאַל יִשְׂרָאֵל:

Blessed are You, Eternal our God, Ruler of the universe, Who redeemed us and our ancestors from Egypt and brought us to this night that we may eat matzah and *maror*. May the Eternal, our God and God of our ancestors, bring us to future festivals and holidays that may come to us in peace, when we will rejoice in the rebuilding of Your city and be joyful in Your rituals. And there we will eat of the sacrifices and Passover offerings on Your altar for gracious acceptance. We shall sing a new hymn of praise to You for our redemption and for our liberation. Blessed are You, our God, Who has redeemed Israel.

SECOND CUP כוס שני

Some say: יש אומרים:

הִנְנִי מוּכָן וּמְזֻמָּן לְקַיֵּם מִצְוַת כּוֹס שֵׁנִי שֶׁל אַרְבַּע כּוֹסוֹת.

I am prepared and ready to fulfill the commandment of drinking the second of four cups of wine.

בָּרוּךְ אַתָּה יְיָ אֱלֹהֵינוּ מֶלֶךְ הָעוֹלָם בּוֹרֵא פְּרִי הַגָּפֶן.

Baruch Atah Adonai, Eloheinu Melech ha'olam, borei pri hagafen.

Blessed are You, Eternal our God, Ruler of the universe, Who creates the fruit of the vine.

שותים את הכוס בהסבת שמאל.
Drink the wine while reclining to the left.

רחצה
Rachtzah
Wash hands

נוטלים את הידיים ומברכים.

Wash hands and say the blessing.

בָּרוּךְ אַתָּה יְיָ אֱלֹהֵינוּ מֶלֶךְ הָעוֹלָם,
אֲשֶׁר קִדְּשָׁנוּ בְּמִצְוֹתָיו וְצִוָּנוּ עַל נְטִילַת יָדָיִם:

Baruch Atah Adonai, Eloheinu Melech ha'olam,
asher kideshanu b'mitzvotav v'tzivanu
al netilat yadayim.

Blessed are You, Eternal our God,
Ruler of the universe, Who has sanctified us
through Your commandments
and directed us to wash our hands.

מוציא
Motzi
Bless the matzah

מברכים ברכת "המוציא" ללא טעימת המצה.

Say the blessing for bread,
but do not eat the matzah yet.

בָּרוּךְ אַתָּה יְיָ אֱלֹהֵינוּ מֶלֶךְ הָעוֹלָם
הַמּוֹצִיא לֶחֶם מִן הָאָרֶץ:

Baruch Atah Adonai, Eloheinu Melech ha'olam,
hamotzi lechem min ha'aretz.

Blessed are You, Eternal our God, Ruler of the universe, Who brings forth bread from the earth.

מצה
Matzah
Eat the matzah

בָּרוּךְ אַתָּה יְיָ אֱלֹהֵינוּ מֶלֶךְ הָעוֹלָם,
אֲשֶׁר קִדְּשָׁנוּ בְּמִצְוֹתָיו וְצִוָּנוּ עַל אֲכִילַת מַצָּה:

Baruch Atah Adonai, Eloheinu Melech ha'olam,
asher kideshanu b'mitzvotav
v'tzivanu al achilat matzah.

Blessed are You, Eternal our God, Ruler of the universe, Who has sanctified us with Your commandments and directed us to eat matzah.

בוצעים כזית מן המצה העליונה השלמה וכזית שני
מן האמצעית הפרוסה, טובלים אותם במלח,
ואוכלים את שני הזיתים בהסבה.

Break the top and middle matzahs into pieces, sprinkle salt on them, and distribute them for all to eat while reclining.

מרור
Maror
Eat the bitter herbs

לוקחים כזית מרור, טובלים אותו בחרוסת ומברכים:
Dip small pieces of bitter herbs into the *charoset*.
Before eating it, say the following:

בָּרוּךְ אַתָּה יְיָ
אֱלֹהֵינוּ מֶלֶךְ הָעוֹלָם,
אֲשֶׁר קִדְּשָׁנוּ בְּמִצְוֹתָיו
וְצִוָּנוּ עַל אֲכִילַת מָרוֹר:

Baruch Atah Adonai,
Eloheinu Melech ha'olam,
asher kideshanu b'mitzvotav
v'tzivanu al achilat maror.

Blessed are You, Eternal our God,
Ruler of the universe,
Who has sanctified us
with Your commandments
and has commanded us
on the eating of bitter herbs.

אוכלים את המרור בלי הסבה.
Eat the bitter herbs without reclining.

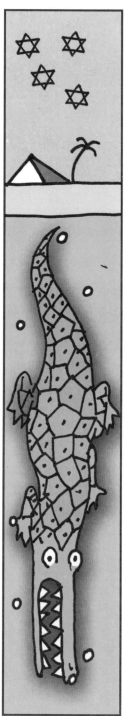

MUNCH
MUNCH
MUNCH
I KNOW I'M SUPPOSED TO REFLECT ON THE SYMBOLISM...
BUT THE TRUTH IS...
I JUST LOVE THESE "HILLEL SANDWICHES"

כורך
Korech
Eat the "Hillel sandwich"

לוקחים כזית מן המצה השלישית עם כזית מרור,
כורכים אותם יחד ואומרים:

Break up the bottom whole matzah,
make "Hillel sandwiches"
of matzah and bitter herbs, and say:

זֵכֶר לַמִּקְדָּשׁ כְּהִלֵּל.
כֵּן עָשָׂה הִלֵּל בִּזְמַן שֶׁבֵּית הַמִּקְדָּשׁ הָיָה קַיָּם:
הָיָה כּוֹרֵךְ פֶּסַח, מַצָּה וּמָרוֹר וְאוֹכֵל בְּיַחַד,
לְקַיֵּם מַה שֶּׁנֶּאֱמַר:
"עַל מַצּוֹת וּמְרֹרִים יֹאכְלֻהוּ."

As a remembrance of the Holy Temple,
we do as Hillel did when the Temple still existed.
He would combine the Passover offering,
matzah, and *maror* in a sandwich,
fulfilling the Torah's statement:
"With *matzot* and *maror* they shall eat it"
(Numbers 9:11).

אוכלים את הכורך בהסבת שמאל.
Eat the Hillel sandwich while reclining to the left.

שולחן עורך
Shulchan Orech
Serve the Passover meal

אוכלים את סעודת החג.
Eat the Passover meal.

צפון
Tzafun
Eat the *afikoman*

אחר גמר הסעודה לוקח כל אחד מהמסובים כזית
מהמצה שהיתה צפונה לאפיקומן ואוכל ממנה כזית
בהסבה. וצריך לאכלה קודם חצות הלילה.
After completing the meal, each person takes a
piece of the *afikoman* and eats it while reclining.
This step must happen before midnight.

ברך
Barech
Give thanks for the meal

מוזגים כוס שלישי ומברכים ברכת המזון.
Pour the third cup
and say the grace after meals.

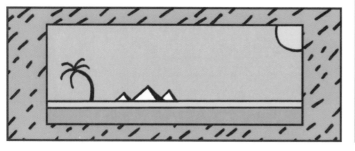

ברכת המזון
GRACE AFTER MEALS

A song of aliyah.

שִׁיר הַמַּעֲלוֹת

When the Eternal brought back the captive ones of Zion, we were like those who dream. Then our mouths were filled with laughter, and our tongues with joyful shouting; then they said among the nations, "The Eternal has done great things for them." The Eternal has done great things for us; and we are glad.

בְּשׁוּב יְיָ אֶת שִׁיבַת צִיּוֹן
הָיִינוּ כְּחֹלְמִים.
אָז יִמָּלֵא שְׂחוֹק פִּינוּ
וּלְשׁוֹנֵנוּ רִנָּה.
אָז יֹאמְרוּ בַגּוֹיִם
הִגְדִּיל יְיָ לַעֲשׂוֹת עִם אֵלֶּה.
הִגְדִּיל יְיָ לַעֲשׂוֹת עִמָּנוּ
הָיִינוּ שְׂמֵחִים.

Bring back again our captive ones, O Eternal, like flash floods in the desert. They that sow in tears shall reap in joy.

שׁוּבָה יְיָ אֶת שְׁבִיתֵנוּ
כַּאֲפִיקִים בַּנֶּגֶב.
הַזֹּרְעִים בְּדִמְעָה
בְּרִנָּה יִקְצֹרוּ.

He that goes forth and weeps, bearing precious seed, shall doubtless return with shouts of joy, bringing his harvest with him (Psalms 126).

הָלוֹךְ יֵלֵךְ וּבָכֹה
נֹשֵׂא מֶשֶׁךְ הַזָּרַע,
בֹּא יָבוֹא בְרִנָּה
נֹשֵׂא אֲלֻמֹּתָיו:
(תהלים קכו)

45

אם שלושה או יותר אנשים נמצאים, יש להתחיל בהקדמה הבאה. אם עשרה או יותר אנשים נמצאים, יש להוסיף את המילה "אלוהינו", כפי שצויין:

המזמן פותח: **רַבּוֹתַי, נְבָרֵךְ!**

המסובים עונים: **יְהִי שֵׁם יְיָ מְבֹרָךְ מֵעַתָּה וְעַד עוֹלָם.**

המזמן אומר: **בִּרְשׁוּת מָרָנָן וְרַבָּנָן וְרַבּוֹתַי, נְבָרֵךְ (**בעשרה **אֱלֹהֵינוּ) שֶׁאָכַלְנוּ מִשֶּׁלּוֹ.**

המסובים עונים: **בָּרוּךְ (אֱלֹהֵינוּ) שֶׁאָכַלְנוּ מִשֶּׁלּוֹ וּבְטוּבוֹ חָיִינוּ.**

המזמן חוזר ואומר: **בָּרוּךְ (אֱלֹהֵינוּ) שֶׁאָכַלְנוּ מִשֶּׁלּוֹ וּבְטוּבוֹ חָיִינוּ.**

יש מוסיפים: **בָּרוּךְ הוּא וּבָרוּךְ שְׁמוֹ.**

If three or more are present, grace is preceded by the following introduction. If ten or more are present, add the words "our God" as indicated:

Leader: Let us say grace.

Everyone: Blessed be the name of God now and forever.

Leader: Blessed be the name of God now and forever. With your permission, let us now bless (our God), for we have eaten His food.

Everyone: Blessed be You (our God) Whose food we have eaten and through Whose goodness we live.

Leader: Blessed be You (our God) Whose food we have eaten and through Whose goodness we live.

Some add: Blessed be You and blessed be Your name.

Blessed are You, Eternal our God, Ruler of the universe, Who nourishes the whole world with grace, kindness, and mercy. You provide food to all creatures, for Your kindness endures forever. Through this great goodness we have never been in want; may we never be in want of sustenance. God sustains us all, doing good to all, and providing food for all creation. Blessed are You, O Eternal, Who sustains all.

בָּרוּךְ אַתָּה יְיָ אֱלֹהֵינוּ מֶלֶךְ הָעוֹלָם, הַזָּן אֶת הָעוֹלָם כֻּלּוֹ בְּטוּבוֹ בְּחֵן, בְּחֶסֶד וּבְרַחֲמִים, הוּא נֹתֵן לֶחֶם לְכָל בָּשָׂר כִּי לְעוֹלָם חַסְדּוֹ, וּבְטוּבוֹ הַגָּדוֹל תָּמִיד לֹא חָסַר לָנוּ וְאַל יֶחְסַר לָנוּ מָזוֹן לְעוֹלָם וָעֶד, בַּעֲבוּר שְׁמוֹ הַגָּדוֹל, כִּי הוּא אֵל זָן וּמְפַרְנֵס לַכֹּל, וּמֵטִיב לַכֹּל וּמֵכִין מָזוֹן לְכָל בְּרִיּוֹתָיו אֲשֶׁר בָּרָא. בָּרוּךְ אַתָּה יְיָ, הַזָּן אֶת הַכֹּל:

We thank You, O Eternal, our God, for having given a beautiful, good, and spacious land to our ancestors as a heritage; for having taken us out from the land of Egypt and redeemed us from the house of slavery;

נוֹדֶה לְךָ יְיָ אֱלֹהֵינוּ עַל שֶׁהִנְחַלְתָּ לַאֲבוֹתֵינוּ אֶרֶץ חֶמְדָּה טוֹבָה וּרְחָבָה, וְעַל שֶׁהוֹצֵאתָנוּ יְיָ אֱלֹהֵינוּ מֵאֶרֶץ מִצְרַיִם וּפְדִיתָנוּ מִבֵּית עֲבָדִים

for Your covenant
which You sealed in our flesh;
for Your Torah which
You taught us;
for Your laws
which You have given to us;
for the life, grace, and kindness
You have granted us;
and for the food
with which
You always
sustain us.

For everything,
O Eternal, our God,
we thank and praise You.
May Your name be blessed
by all forever,
as it is written:
"After you have eaten
and are satisfied,
you shall bless the Eternal,
your God,
for the good land
He has given you"
(Deuteronomy 8:10).
Blessed are You, O Eternal,
for the land and the food.

וְעַל בְּרִיתְךָ
שֶׁחָתַמְתָּ בִּבְשָׂרֵנוּ
וְעַל תּוֹרָתְךָ שֶׁלִּמַּדְתָּנוּ
וְעַל חֻקֶּיךָ שֶׁהוֹדַעְתָּנוּ
וְעַל חַיִּים חֵן וָחֶסֶד
שֶׁחוֹנַנְתָּנוּ,
וְעַל אֲכִילַת מָזוֹן
שָׁאַתָּה זָן
וּמְפַרְנֵס אוֹתָנוּ תָּמִיד,
בְּכָל יוֹם וּבְכָל עֵת
וּבְכָל שָׁעָה:

וְעַל הַכֹּל יְיָ אֱלֹהֵינוּ
אֲנַחְנוּ מוֹדִים לָךְ
וּמְבָרְכִים אוֹתָךְ, יִתְבָּרַךְ
שִׁמְךָ בְּפִי כָל חַי תָּמִיד
לְעוֹלָם וָעֶד, כַּכָּתוּב:
"וְאָכַלְתָּ וְשָׂבָעְתָּ, וּבֵרַכְתָּ
אֶת יְיָ אֱלֹהֶיךָ עַל הָאָרֶץ
הַטֹּבָה אֲשֶׁר נָתַן לָךְ".
בָּרוּךְ אַתָּה יְיָ,
עַל הָאָרֶץ וְעַל הַמָּזוֹן:

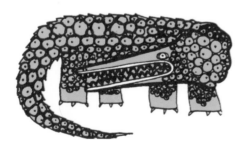

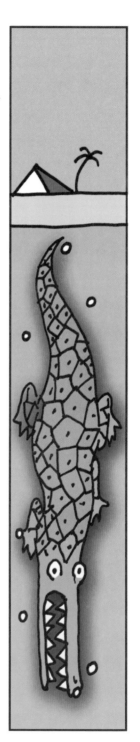

48

Have mercy,
Eternal our God,
upon Your people Israel,
upon Your city Jerusalem, and
upon Zion, the dwelling place
of Your glory, upon the kingdom
of the house of David,
Your anointed,
and upon the great and
holy House that is
called by Your name.
Our God and Parent,
tend us and feed us,
nourish and sustain us,
and grant us relief,
and free us soon, God,
from all our troubles.
Let us, our God,
never be in need
of the gifts of men,
nor of their loans,
but only of Your full,
open hand that is holy
and generous,
so that we may not
be shamed or humiliated
forever and ever.

רַחֶם-נָא יְיָ אֱלֹהֵינוּ
עַל יִשְׂרָאֵל עַמֶּךָ
וְעַל יְרוּשָׁלַיִם עִירֶךָ
וְעַל צִיּוֹן מִשְׁכַּן כְּבוֹדֶךָ
וְעַל מַלְכוּת
בֵּית דָּוִד מְשִׁיחֶךָ,
וְעַל הַבַּיִת הַגָּדוֹל וְהַקָּדוֹשׁ
שֶׁנִּקְרָא שִׁמְךָ עָלָיו.
אֱלֹהֵינוּ, אָבִינוּ, רְעֵנוּ,
זוּנֵנוּ, פַּרְנְסֵנוּ וְכַלְכְּלֵנוּ
וְהַרְוִיחֵנוּ,
וְהַרְוַח לָנוּ יְיָ אֱלֹהֵינוּ
מְהֵרָה מִכָּל צָרוֹתֵינוּ.
וְנָא אַל תַּצְרִיכֵנוּ,
יְיָ אֱלֹהֵינוּ,
לֹא לִידֵי מַתְּנַת בָּשָׂר וָדָם
וְלֹא לִידֵי הַלְוָאָתָם,
כִּי אִם לְיָדְךָ הַמְּלֵאָה,
הַפְּתוּחָה, הַקְּדוֹשָׁה
וְהָרְחָבָה,
שֶׁלֹּא נֵבוֹשׁ וְלֹא נִכָּלֵם
לְעוֹלָם וָעֶד:

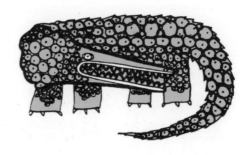

On Shabbat add:

Favor us and strengthen us,
Eternal our God, with Your
commandments, with
the commandment
concerning the seventh day,
this great and holy
Sabbath. This day is
great and holy before
You to abstain from work
and rest on it in love
according to Your will.
In Your will, Eternal
our God, grant us rest
so that there will be no sorrow
or grief on our day of rest.
Let us, Eternal our God,
live to see Zion Your city
comforted, Jerusalem
Your holy city rebuilt,
for You are Master of all
salvation and consolation.

בשבת מוסיפים:

רְצֵה וְהַחֲלִיצֵנוּ
יְיָ אֱלֹהֵינוּ
בְּמִצְוֹתֶיךָ וּבְמִצְוַת
יוֹם הַשְּׁבִיעִי, הַשַּׁבָּת
הַגָּדוֹל וְהַקָּדוֹשׁ הַזֶּה.
כִּי יוֹם זֶה גָּדוֹל וְקָדוֹשׁ הוּא
לְפָנֶיךָ, לִשְׁבָּת בּוֹ וְלָנוּחַ בּוֹ
בְּאַהֲבָה כְּמִצְוַת רְצוֹנֶךָ.
וּבִרְצוֹנְךָ הָנִיחַ לָנוּ
יְיָ אֱלֹהֵינוּ שֶׁלֹּא תְהֵא צָרָה
וְיָגוֹן וַאֲנָחָה בְּיוֹם מְנוּחָתֵנוּ.
וְהַרְאֵנוּ יְיָ אֱלֹהֵינוּ
בְּנֶחָמַת צִיּוֹן עִירֶךָ
וּבְבִנְיַן יְרוּשָׁלַיִם
עִיר קָדְשֶׁךָ,
כִּי אַתָּה הוּא
בַּעַל הַיְשׁוּעוֹת
וּבַעַל הַנֶּחָמוֹת:

Our God and God of
our ancestors, may the
remembrance of us, of our
ancestors, of the anointed
son of David Your servant,

אֱלֹהֵינוּ וֵאלֹהֵי אֲבוֹתֵינוּ,
יַעֲלֶה וְיָבֹא וְיַגִּיעַ, וְיֵרָאֶה
וְיֵרָצֶה וְיִשָּׁמַע, וְיִפָּקֵד
וְיִזָּכֵר זִכְרוֹנֵנוּ וּפִקְדוֹנֵנוּ

50

of Jerusalem Your holy city, and of all Your people the house of Israel, ascend, come, appear, be heard, and be accepted before You for deliverance and good, for grace, kindness, and mercy, for life and peace, on this day of the Festival of Matzot.

וְזִכְרוֹן אֲבוֹתֵינוּ
וְזִכְרוֹן מָשִׁיחַ בֶּן דָּוִד עַבְדֶּךָ
וְזִכְרוֹן יְרוּשָׁלַיִם עִיר קָדְשֶׁךָ
וְזִכְרוֹן כָּל עַמְּךָ
בֵּית יִשְׂרָאֵל לְפָנֶיךָ,
לִפְלֵיטָה, לְטוֹבָה,
לְחֵן וּלְחֶסֶד וּלְרַחֲמִים,
לְחַיִּים טוֹבִים וּלְשָׁלוֹם,
בְּיוֹם חַג הַמַּצּוֹת הַזֶּה.

Remember us this day, O Eternal our God, for goodness; consider us for blessing; save us for life. With a word of salvation and mercy spare us and favor us; have pity on us and save us, for we look to You, for You are a gracious and merciful God and Ruler.

זָכְרֵנוּ יְיָ אֱלֹהֵינוּ בּוֹ לְטוֹבָה
וּפָקְדֵנוּ בוֹ לִבְרָכָה
וְהוֹשִׁיעֵנוּ בוֹ לְחַיִּים,
וּבִדְבַר יְשׁוּעָה
וְרַחֲמִים, חוּס וְחָנֵּנוּ,
וְרַחֵם עָלֵינוּ וְהוֹשִׁיעֵנוּ,
כִּי אֵלֶיךָ עֵינֵינוּ,
כִּי אֵל מֶלֶךְ חַנּוּן
וְרַחוּם אָתָּה:

Rebuild Jerusalem the holy city speedily during our lifetime. Blessed are You, O Eternal, Who will rebuild Jerusalem in mercy. *Amen.*

וּבְנֵה יְרוּשָׁלַיִם עִיר הַקֹּדֶשׁ
בִּמְהֵרָה בְיָמֵינוּ.
בָּרוּךְ אַתָּה יְיָ,
בּוֹנֵה בְרַחֲמָיו יְרוּשָׁלָיִם.
אָמֵן:

Blessed are You,
Eternal our God,
Ruler of the universe,
Almighty, our Parent,
our Ruler, our Sovereign,
our Creator, our Redeemer,
our Maker, our Holy One,
the Holy One of Jacob,
our Shepherd, the
Shepherd of Israel, the good
and beneficent Ruler,
Who each day did good,
does good,
and will do good for us.
It is He Who has dealt with us,
deals with us, and for evermore
will deal with us, with grace,
loving-kindness, mercy,
relief, to grant us salvation,
success, blessing, mercy,
help, consolation, food
and sustenance, mercy, life
and peace, and all good;
and of all manner of good things
may He never deprive us.

בָּרוּךְ אַתָּה יְיָ,
אֱלֹהֵינוּ מֶלֶךְ הָעוֹלָם,
הָאֵל, אָבִינוּ, מַלְכֵּנוּ, אַדִּירֵנוּ,
בּוֹרְאֵנוּ, גֹּאֲלֵנוּ, יוֹצְרֵנוּ,
קְדוֹשֵׁנוּ, קְדוֹשׁ יַעֲקֹב,
רוֹעֵנוּ, רוֹעֵה יִשְׂרָאֵל,
הַמֶּלֶךְ הַטּוֹב, וְהַמֵּטִיב לַכֹּל,
שֶׁבְּכָל יוֹם וָיוֹם
הוּא הֵיטִיב, הוּא מֵיטִיב,
הוּא יֵיטִיב לָנוּ.
הוּא גְמָלָנוּ הוּא גוֹמְלֵנוּ
הוּא יִגְמְלֵנוּ לָעַד,
לְחֵן וּלְחֶסֶד וּלְרַחֲמִים
וּלְרֶוַח, הַצָּלָה וְהַצְלָחָה,
בְּרָכָה וִישׁוּעָה, נֶחָמָה,
פַּרְנָסָה וְכַלְכָּלָה,
וְרַחֲמִים וְחַיִּים
וְשָׁלוֹם וְכָל טוֹב;
וּמִכָּל טוּב
לְעוֹלָם אַל יְחַסְּרֵנוּ:

May the Merciful One
reign over us forever and ever.

הָרַחֲמָן הוּא יִמְלוֹךְ
עָלֵינוּ לְעוֹלָם וָעֶד.

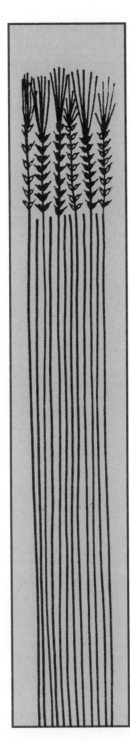

May the Merciful One be praised in heaven and on earth.

May the Merciful One be lauded from generation to generation; may You be glorified through us forever and ever, and may You be honored through us through all eternity.

May the Merciful One support and keep us from poverty.

May the Merciful One break the oppressive yoke from our necks and lead us upright to our land.

May the Merciful One send abundant blessing to this house and upon this table at which we have eaten.

May the Merciful One send us the prophet Elijah, of blessed memory, with good news, salvation, and consolation.

הָרַחֲמָן הוּא יִתְבָּרַךְ בַּשָּׁמַיִם וּבָאָרֶץ.

הָרַחֲמָן הוּא יִשְׁתַּבַּח לְדוֹר דּוֹרִים, וְיִתְפָּאַר בָּנוּ לָעַד וּלְנֵצַח נְצָחִים, וְיִתְהַדַּר בָּנוּ לָעַד וּלְעוֹלְמֵי עוֹלָמִים.

הָרַחֲמָן הוּא יְפַרְנְסֵנוּ בְּכָבוֹד.

הָרַחֲמָן הוּא יִשְׁבּוֹר עֻלֵּנוּ מֵעַל צַוָּארֵנוּ, וְהוּא יוֹלִיכֵנוּ קוֹמְמִיּוּת לְאַרְצֵנוּ.

הָרַחֲמָן הוּא יִשְׁלַח לָנוּ בְּרָכָה מְרֻבָּה בַּבַּיִת הַזֶּה, וְעַל שֻׁלְחָן זֶה שֶׁאָכַלְנוּ עָלָיו.

הָרַחֲמָן הוּא יִשְׁלַח לָנוּ אֶת אֵלִיָּהוּ הַנָּבִיא זָכוּר לַטּוֹב, וִיבַשֶּׂר לָנוּ בְּשׂוֹרוֹת טוֹבוֹת, יְשׁוּעוֹת וְנֶחָמוֹת.

May the Merciful One bless

הָרַחֲמָן הוּא יְבָרֵךְ

At one's parents' house say:
 my father, my teacher,
 master of this house;
 and my mother,
 my teacher,
 mistress of this house.

בבית אבא אומרים: אֶת אָבִי מוֹרִי
בַּעַל הַבַּיִת הַזֶּה, וְאֶת אִמִּי
מוֹרָתִי בַּעֲלַת הַבַּיִת הַזֶּה.

A married man says: me,
 my wife, my children,
 and all that is ours.

איש נשוי אומר: אוֹתִי, וְאֶת אִשְׁתִּי,
וְאֶת זַרְעִי, וְאֶת כָּל אֲשֶׁר לִי.

A married woman says: me,
 my husband, my children,
 and all that is ours.

אשה נשואה אומרת: אוֹתִי,
וְאֶת בַּעֲלִי, וְאֶת זַרְעִי,
וְאֶת כָּל אֲשֶׁר לִי.

A guest says: the host
 and the hostess,
 their children and home,
 and all that is theirs.

אורח אומר: אֶת בַּעַל הַבַּיִת הַזֶּה
וְאֶת בַּעֲלַת הַבַּיִת הַזֶּה,
אוֹתָם וְאֶת בֵּיתָם וְאֶת
זַרְעָם וְאֶת כָּל אֲשֶׁר לָהֶם.

In a communal meal, one says:
 all who are eating here.

בסעודה משותפת אומרים:
אֶת כָּל הַמְסֻבִּין כַּאן.

Us and all that is ours.
Just as our fathers
Abraham, Isaac, and Jacob
were blessed in all things,
through all things
and with all things,
may He bless us all
with a perfect blessing.
To that let us say *amen*.

אוֹתָנוּ וְאֶת כָּל אֲשֶׁר לָנוּ,
כְּמוֹ שֶׁנִּתְבָּרְכוּ אֲבוֹתֵינוּ,
אַבְרָהָם יִצְחָק וְיַעֲקֹב,
בַּכֹּל מִכֹּל כֹּל,
כֵּן יְבָרֵךְ אוֹתָנוּ כֻּלָּנוּ יַחַד
בִּבְרָכָה שְׁלֵמָה.
וְנֹאמַר אָמֵן:

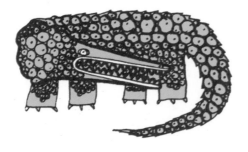
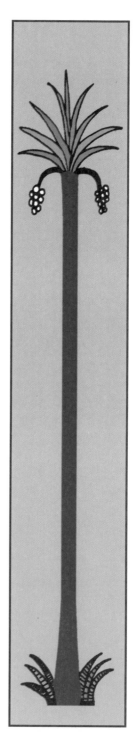

May heaven find merit in us that we may enjoy a lasting peace and receive blessings from the Eternal, justice from God, and may we find favor and good sense in the eyes of God and humanity.

בַּמָּרוֹם יְלַמְּדוּ עֲלֵיהֶם
וְעָלֵינוּ זְכוּת שֶׁתְּהֵא
לְמִשְׁמֶרֶת שָׁלוֹם, וְנִשָּׂא
בְרָכָה מֵאֵת יְיָ, וּצְדָקָה
מֵאֱלֹהֵי יִשְׁעֵנוּ, וְנִמְצָא
חֵן וְשֵׂכֶל טוֹב בְּעֵינֵי
אֱלֹהִים וְאָדָם.

On Shabbat add: May the Merciful One cause us to inherit the day that will be all Sabbath and rest in the eternal life.

בשבת: הָרַחֲמָן הוּא
יַנְחִילֵנוּ יוֹם שֶׁכֻּלּוֹ
שַׁבָּת וּמְנוּחָה
לְחַיֵּי הָעוֹלָמִים.

May the Merciful One bless the State of Israel, the beginning of our redemption.

הָרַחֲמָן הוּא יְבָרֵךְ אֶת
מְדִינַת יִשְׂרָאֵל, רֵאשִׁית
צְמִיחַת גְּאֻלָּתֵנוּ.

May the Merciful One bless the soldiers of the Israeli Defense Forces and keep them safe.

הָרַחֲמָן הוּא יְבָרֵךְ אֶת
חַיָּלֵי צְבָא הַהֲגַנָּה לְיִשְׂרָאֵל,
וְיִשְׁמְרֵם לְשָׁלוֹם.

May the Merciful One cause us to inherit the day of total goodness, that everlasting day, the day when the just will sit with crowns on their heads, enjoying the reflection of God's Majesty, and may our portion be with them.

הָרַחֲמָן הוּא יַנְחִילֵנוּ יוֹם
שֶׁכֻּלּוֹ טוֹב, יוֹם שֶׁכֻּלּוֹ
אָרוֹךְ, יוֹם שֶׁצַּדִּיקִים
יוֹשְׁבִים וְעַטְרוֹתֵיהֶם
בְּרָאשֵׁיהֶם וְנֶהֱנִים מִזִּיו
הַשְּׁכִינָה, וִיהִי חֶלְקֵנוּ
עִמָּהֶם.

May the Merciful One enable us
to live in the days of the Messiah
and in the world to come.

God is our tower of salvation,
showing kindness
to His anointed, to David and
his descendents forever.
May He Who creates peace
in His heavenly heights,
may He grant peace for us,
all Israel, and all humanity,
and let us say *amen*.

Revere God,
all God's holy ones,
for those who revere our God
suffer no want.
Lions may starve,
but those who seek God
shall lack nothing.
Give thanks to God,
for God is good;
God's kindness endures forever.
You open Your hand and satisfy
the needs of every living thing.
Blessed is everyone who
trusts in God,

הָרַחֲמָן הוּא יְזַכֵּנוּ
לִימוֹת הַמָּשִׁיחַ
וּלְחַיֵּי הָעוֹלָם הַבָּא.

מִגְדּוֹל
יְשׁוּעוֹת מַלְכּוֹ,
וְעֹשֶׂה חֶסֶד לִמְשִׁיחוֹ,
לְדָוִד וּלְזַרְעוֹ עַד עוֹלָם.
עֹשֶׂה שָׁלוֹם בִּמְרוֹמָיו,
הוּא יַעֲשֶׂה שָׁלוֹם
עָלֵינוּ וְעַל כָּל
יִשְׂרָאֵל.
וְאִמְרוּ אָמֵן:

יְראוּ אֶת יְיָ
קְדֹשָׁיו,
כִּי אֵין מַחְסוֹר
לִירֵאָיו.
כְּפִירִים רָשׁוּ וְרָעֵבוּ,
וְדֹרְשֵׁי יְיָ לֹא יַחְסְרוּ
כָל טוֹב.
הוֹדוּ לַיְיָ כִּי טוֹב,
כִּי לְעוֹלָם חַסְדּוֹ.

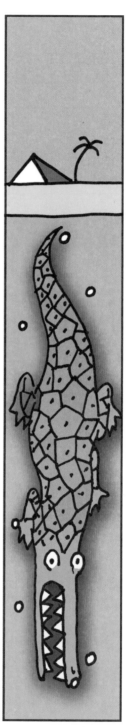

for God will surely guarantee
protection.
I once was young,
now I am old,
and never have I seen
a righteous person forsaken,
nor his children
in want of bread.
God strengthens
God's people,
blessing them
with peace.

פּוֹתֵחַ אֶת יָדֶךָ,
וּמַשְׂבִּיעַ לְכָל חַי רָצוֹן.
בָּרוּךְ הַגֶּבֶר
אֲשֶׁר יִבְטַח בַּיְיָ,
וְהָיָה יְיָ מִבְטַחוֹ.
נַעַר הָיִיתִי גַּם זָקַנְתִּי,
וְלֹא רָאִיתִי צַדִּיק נֶעֱזָב,
וְזַרְעוֹ מְבַקֶּשׁ לָחֶם.
יְיָ עֹז לְעַמּוֹ יִתֵּן,
יְיָ יְבָרֵךְ אֶת עַמּוֹ בַשָּׁלוֹם:

THIRD CUP  כּוֹס שְׁלִישִׁי

יֵשׁ אוֹמְרִים:

Some say:

הִנְנִי מוּכָן וּמְזֻמָּן לְקַיֵּם מִצְוַת כּוֹס שְׁלִישִׁי שֶׁל אַרְבַּע כּוֹסוֹת.

I am prepared and ready to fulfill the commandment of
drinking the third of four cups of wine.

בָּרוּךְ אַתָּה יְיָ אֱלֹהֵינוּ מֶלֶךְ הָעוֹלָם בּוֹרֵא פְּרִי הַגָּפֶן.

Baruch Atah Adonai, Eloheinu Melech ha'olam,
borei pri hagafen.

Blessed are You, Eternal our God, Ruler of the
universe, Who creates the fruit of the vine.

שׁוֹתִים אֶת הַכּוֹס בַּהֲסִבַּת שְׂמֹאל.
Drink the wine while reclining to the left.

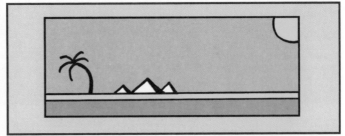

כוס אליהו הנביא
THE CUP OF ELIJAH

נוהגים למזוג כוס לכבודו של אליהו הנביא,
לפתוח את הדלת ולהכריז:

Fill the Cup of Elijah on the table. Then open the
door for Elijah and say the following:

שְׁפֹךְ חֲמָתְךָ אֶל הַגּוֹיִם אֲשֶׁר לֹא יְדָעוּךָ וְעַל
מַמְלָכוֹת אֲשֶׁר בְּשִׁמְךָ לֹא קָרָאוּ. כִּי אָכַל אֶת יַעֲקֹב
וְאֶת נָוֵהוּ הֵשַׁמּוּ. שְׁפָךְ עֲלֵיהֶם זַעְמֶךָ וַחֲרוֹן אַפְּךָ
יַשִּׂיגֵם. תִּרְדֹּף בְּאַף וְתַשְׁמִידֵם מִתַּחַת שְׁמֵי יְיָ:

"**Pour out** Thy wrath upon the nations
that have not known Thee, and upon
the kingdoms that have not called
upon Thy name. For they have
devoured Jacob, and laid
waste his dwelling
place" (Psalms
79:6, 7). "Chase
and destroy
them in anger
from under
the heavens of the Eternal"

(Lamentations 3:66).

Close the door. .סוגרים את הדלת

ISRAEL WILL BECOME A LIGHT UNTO THE NATIONS?

YES.

BUT "THE NATIONS" WILL GET REALLY GOOD AT LOOKING THE OTHER WAY.

YUP.

BUMMER!

58

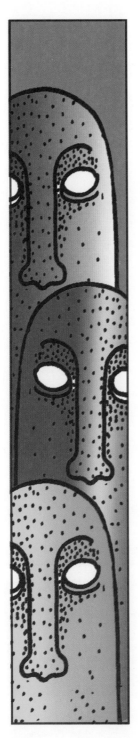

הלל
Hallel
Recite the Hallel

מוזגים כוס רביעי
ואומרים עליו את ההלל:
Fill the fourth cup and recite Hallel:

Don't do it for us, O God, but do it to glorify Your name, do it for the sake of Your mercy, and for Your truth's sake. Why should the nations scoff and say, "Where is their so-called God?" But our God is in Heaven, and He has done exactly what He wanted to do. Their gods are only statues and idols. They are made of silver and gold; they are made by men. They have mouths, but they cannot speak; they have eyes, but they cannot see; they have ears, but they cannot hear; they have noses, but they cannot smell; they have hands, but they can't handle things; they have feet, but they can't walk; and no voice comes out of their throats.

לֹא לָנוּ יְיָ לֹא לָנוּ,
כִּי לְשִׁמְךָ תֵּן כָּבוֹד,
עַל חַסְדְּךָ, עַל אֲמִתֶּךָ.
לָמָּה יֹאמְרוּ הַגּוֹיִם
אַיֵּה נָא אֱלֹהֵיהֶם.
וֵאלֹהֵינוּ בַשָּׁמָיִם,
כֹּל אֲשֶׁר חָפֵץ עָשָׂה.
עֲצַבֵּיהֶם כֶּסֶף וְזָהָב,
מַעֲשֵׂה יְדֵי אָדָם.
פֶּה לָהֶם וְלֹא יְדַבֵּרוּ,
עֵינַיִם לָהֶם וְלֹא יִרְאוּ.
אָזְנַיִם לָהֶם וְלֹא יִשְׁמָעוּ,
אַף לָהֶם וְלֹא יְרִיחוּן.
יְדֵיהֶם וְלֹא יְמִישׁוּן,
רַגְלֵיהֶם וְלֹא יְהַלֵּכוּ,
לֹא יֶהְגּוּ בִּגְרוֹנָם.

And the people who make these idols are just like the idols themselves; and so is everyone who trusts in them and in their idols. O Israel, trust in God, the Eternal One Who is your help and your shield.

כְּמוֹהֶם יִהְיוּ עֹשֵׂיהֶם, כֹּל אֲשֶׁר בֹּטֵחַ בָּהֶם.
יִשְׂרָאֵל בְּטַח בַּיְיָ, עֶזְרָם וּמָגִנָּם הוּא.
בֵּית אַהֲרֹן בִּטְחוּ בַיְיָ,
עֶזְרָם וּמָגִנָּם הוּא.
יִרְאֵי יְיָ בִּטְחוּ בַיְיָ,
עֶזְרָם וּמָגִנָּם הוּא:

God has remembered us: God will bless us; God will bless the house of Israel; God will bless the house of Aaron. God will bless both the small and the great. God will increase your numbers. You are the blessed of the God Who made heaven and earth. The heavens are God's, but God gave the earth to the children of men. The dead cannot praise the Eternal One; neither can those who have fallen into silence. But we will praise God from now and for evermore. Praise God, the Eternal One.

יְיָ זְכָרָנוּ יְבָרֵךְ,
יְבָרֵךְ אֶת בֵּית יִשְׂרָאֵל,
יְבָרֵךְ אֶת בֵּית אַהֲרֹן.
יְבָרֵךְ יִרְאֵי יְיָ,
הַקְּטַנִּים עִם הַגְּדֹלִים.
יֹסֵף יְיָ עֲלֵיכֶם,
עֲלֵיכֶם וְעַל בְּנֵיכֶם.
בְּרוּכִים אַתֶּם לַיְיָ,
עֹשֵׂה שָׁמַיִם וָאָרֶץ.
הַשָּׁמַיִם שָׁמַיִם לַיְיָ,
וְהָאָרֶץ נָתַן לִבְנֵי אָדָם.
לֹא הַמֵּתִים יְהַלְלוּ יָהּ,
וְלֹא כָּל יֹרְדֵי דוּמָה.
וַאֲנַחְנוּ נְבָרֵךְ יָהּ
מֵעַתָּה וְעַד עוֹלָם, הַלְלוּיָהּ:

I love God because
the Eternal heard my voice
and listened to my prayers.
I will call upon God for as long
as I live. The sorrows of death
afflicted me, and the pains
of the grave seized me;
trouble and sorrow
were my companions.
Then I called out to God,
saying, "O God, I beg You,
deliver my soul.
You are righteous
and merciful." God helps
the simple; I was down,
and God helped me. I say
to my soul, "Rest and recover,
because God has been good
to you." God kept my soul
from death, my eyes from tears,
and my feet from stumbling.
I will walk before God
in the land of the living.
I had faith, even then, when
I was so down that I was quick
to say that all men
are liars.

אָהַבְתִּי כִּי יִשְׁמַע יְיָ
אֶת קוֹלִי תַּחֲנוּנָי.
כִּי הִטָּה אָזְנוֹ לִי
וּבְיָמַי אֶקְרָא.
אֲפָפוּנִי חֶבְלֵי מָוֶת
וּמְצָרֵי שְׁאוֹל מְצָאוּנִי,
צָרָה וְיָגוֹן אֶמְצָא.
וּבְשֵׁם יְיָ אֶקְרָא,
אָנָּא יְיָ מַלְּטָה נַפְשִׁי.
חַנּוּן יְיָ וְצַדִּיק, וֵאלֹהֵינוּ מְרַחֵם.
שֹׁמֵר פְּתָאִים יְיָ,
דַּלּוֹתִי וְלִי יְהוֹשִׁיעַ.
שׁוּבִי נַפְשִׁי לִמְנוּחָיְכִי,
כִּי יְיָ גָּמַל עָלָיְכִי.
כִּי חִלַּצְתָּ נַפְשִׁי מִמָּוֶת,
אֶת עֵינִי מִן דִּמְעָה,
אֶת רַגְלִי מִדֶּחִי. אֶתְהַלֵּךְ
לִפְנֵי יְיָ בְּאַרְצוֹת הַחַיִּים.
הֶאֱמַנְתִּי כִּי אֲדַבֵּר,
אֲנִי עָנִיתִי מְאֹד.
אֲנִי אָמַרְתִּי בְחָפְזִי, כָּל הָאָדָם כֹּזֵב:

What could I give to God in return for all of the good that I have received? I will take the cup of salvation and call upon His name. Now, in front of everyone, I fulfill my promise to Him. The deaths of God's holy followers are precious to God. O God, I am Your servant. I am Your servant, and the child of Your servant; You have untied the ropes that bound me. To You I will give thanksgiving, and I will call upon Your name. I promise this to You right now, here, in front of God's people, in the courtyards of God's house, in the middle of His city Jerusalem. Praise God.

Praise God, all nations, all people praise Him. For His kindness to us was overwhelming and the truth of the Eternal is forever. Praise God.

מָה אָשִׁיב לַיְיָ,
כָּל תַּגְמוּלוֹהִי עָלָי.
כּוֹס יְשׁוּעוֹת אֶשָּׂא
וּבְשֵׁם יְיָ אֶקְרָא.
נְדָרַי לַיְיָ אֲשַׁלֵּם,
נֶגְדָה נָּא לְכָל עַמּוֹ.
יָקָר בְּעֵינֵי יְיָ הַמָּוְתָה לַחֲסִידָיו.
אָנָּא יְיָ כִּי אֲנִי עַבְדֶּךָ,
אֲנִי עַבְדְּךָ בֶּן אֲמָתֶךָ,
פִּתַּחְתָּ לְמוֹסֵרָי.
לְךָ אֶזְבַּח זֶבַח תּוֹדָה
וּבְשֵׁם יְיָ אֶקְרָא.
נְדָרַי לַיְיָ אֲשַׁלֵּם,
נֶגְדָה נָּא לְכָל עַמּוֹ.
בְּחַצְרוֹת בֵּית יְיָ,
בְּתוֹכֵכִי יְרוּשָׁלָיִם, הַלְלוּיָהּ:

הַלְלוּ אֶת יְיָ כָּל גּוֹיִם,
שַׁבְּחוּהוּ כָּל הָאֻמִּים.
כִּי גָבַר עָלֵינוּ חַסְדּוֹ,
וֶאֱמֶת יְיָ לְעוֹלָם, הַלְלוּיָהּ:

THE CRUNCH:

MATZAH

CRUNCH
MUNCH
CRUNCH

THE BUNCH:

THE FOUR

THE DISH:

THE SEDER PLATE

THE WISH:

NEXT YEAR IN JERUSALEM!

הוֹדוּ לַיְיָ כִּי טוֹב כִּי לְעוֹלָם חַסְדּוֹ:
יֹאמַר נָא יִשְׂרָאֵל כִּי לְעוֹלָם חַסְדּוֹ:
יֹאמְרוּ נָא בֵית אַהֲרֹן כִּי לְעוֹלָם חַסְדּוֹ:
יֹאמְרוּ נָא יִרְאֵי יְיָ כִּי לְעוֹלָם חַסְדּוֹ:

Give thanks to the Eternal; God is good for His mercy lasts forever. **Let Israel now say** His mercy lasts forever. **Let the house of Aaron now say** His mercy lasts forever. **Let those who fear the Eternal say** His mercy lasts forever.

I was in trouble and I called out to God; God answered me and brought me to a better place. God is on my side; I will not be afraid – what can other people do to me? God helps me and helps those who help me. I will see my enemies be defeated. It is better to trust in God than to trust in people. It is better to trust in God than to trust in princes. The nations surrounded me, but in the name of God I defeated them. They surrounded me; yes, they surrounded me, but with God's help I defeated them.

מִן הַמֵּצַר
קָרָאתִי יָּה,
עָנָנִי בַמֶּרְחָב יָה.
יְיָ לִי לֹא אִירָא,
מַה יַּעֲשֶׂה לִי אָדָם.
יְיָ לִי בְּעֹזְרָי
וַאֲנִי אֶרְאֶה בְשֹׂנְאָי.
טוֹב לַחֲסוֹת בַּיְיָ מִבְּטֹחַ בָּאָדָם.
טוֹב לַחֲסוֹת בַּיְיָ מִבְּטֹחַ בִּנְדִיבִים.
כָּל גּוֹיִם סְבָבוּנִי,
בְּשֵׁם יְיָ כִּי אֲמִילַם.
סַבּוּנִי גַם סְבָבוּנִי,
בְּשֵׁם יְיָ כִּי אֲמִילַם.

They came around me like a swarm of bees, but they were soon gone, for by the power of the Eternal they were destroyed. They attacked me and tried to bring me down, but God helped me. God is my strength and my song, and has become my rescuer. Shouts of joy are heard in the tents of the righteous; God does valiantly. The right hand of God is powerful; the right hand of God is raised in triumph! I will not die; I will live, and I will declare God's words. God has punished me, but He has not yet taken my life. Open the gate of righteousness for me; I will go in through the gate, and I will praise God. This is the gate of God, through which the righteous will enter.

סַבּוּנִי כִדְבֹרִים,
דֹּעֲכוּ כְּאֵשׁ קוֹצִים,
בְּשֵׁם יְיָ כִּי אֲמִילַם.
דַּחֹה דְּחִיתַנִי לִנְפֹּל,
וַייָ עֲזָרָנִי. עָזִּי
וְזִמְרָת יָהּ וַיְהִי לִי
לִישׁוּעָה. קוֹל רִנָּה
וִישׁוּעָה בְּאָהֳלֵי צַדִּיקִים,
יְמִין יְיָ עֹשָׂה חָיִל. יְמִין יְיָ רוֹמֵמָה,
יְמִין יְיָ עֹשָׂה חָיִל.
לֹא אָמוּת כִּי אֶחְיֶה,
וַאֲסַפֵּר מַעֲשֵׂי יָהּ.
יַסֹּר יִסְּרַנִּי יָּהּ,
וְלַמָּוֶת לֹא נְתָנָנִי.
פִּתְחוּ לִי שַׁעֲרֵי צֶדֶק,
אָבֹא בָם, אוֹדֶה יָהּ.
זֶה הַשַּׁעַר לַייָ,
צַדִּיקִים יָבֹאוּ בוֹ.

Each verse is recited twice:

I will praise You, for You have heard me, and You have become my rescuer.

יש לומר כל פסוק פעמיים:

אוֹדְךָ כִּי עֲנִיתָנִי
וַתְּהִי לִי לִישׁוּעָה.

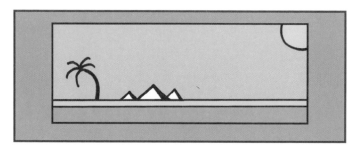

The stone that the builders
rejected has become the
cornerstone.
This is God's doing; it is
marvelous in our eyes.
This is the day that God
made; we will rejoice
and be glad in it.

Please God, please save us!
Please God, please save us!
Please God,
please bring us success!
Please God,
please bring us success!

Each verse is recited twice:

**Blessed be whoever
comes** in the name of the
Eternal; we bless you from
the house of the Eternal.
God is the Eternal Who showed
us light. Tie the sacrifice with
ropes to the horns of the altar.
You are my God, and I will
praise You; You are my God,
and I will exalt You.
Give thanks to the Eternal,
for He is good, and His
kindness endures forever.

אֶבֶן מָאֲסוּ הַבּוֹנִים
הָיְתָה לְרֹאשׁ פִּנָּה.
מֵאֵת יְיָ הָיְתָה זֹּאת
הִיא נִפְלָאת בְּעֵינֵינוּ.
זֶה הַיּוֹם עָשָׂה יְיָ
נָגִילָה וְנִשְׂמְחָה בוֹ.

אָנָּא יְיָ, הוֹשִׁיעָה נָא.
אָנָּא יְיָ, הוֹשִׁיעָה נָא.
אָנָּא יְיָ, הַצְלִיחָה נָא.
אָנָּא יְיָ, הַצְלִיחָה נָא:

יש לומר כל פסוק פעמיים:
בָּרוּךְ הַבָּא בְּשֵׁם יְיָ,
בֵּרַכְנוּכֶם מִבֵּית יְיָ.
אֵל יְיָ וַיָּאֶר לָנוּ,
אִסְרוּ חַג
בַּעֲבֹתִים עַד
קַרְנוֹת הַמִּזְבֵּחַ.
אֵלִי אַתָּה וְאוֹדֶךָּ,
אֱלֹהַי אֲרוֹמְמֶךָּ.
הוֹדוּ לַיְיָ כִּי טוֹב,
כִּי לְעוֹלָם חַסְדּוֹ:

You are praised

by all Your creations,
Eternal our God;
Your pious followers
who carry out Your will,
and all Your people,
the house of Israel,
praise, thank, bless,
glorify, extol,
exalt, revere,
sanctify, and crown
Your name, our Ruler.
To You it is fitting
to give thanks,
and to Your name
it is proper to sing praises,
for You are God Eternal.

יְהַלְלוּךָ יְיָ אֱלֹהֵינוּ
כָּל מַעֲשֶׂיךָ,
וַחֲסִידֶיךָ צַדִּיקִים
עוֹשֵׂי רְצוֹנֶךָ,
וְכָל עַמְּךָ בֵּית יִשְׂרָאֵל
בְּרִנָּה יוֹדוּ וִיבָרְכוּ,
וִישַׁבְּחוּ וִיפָאֲרוּ,
וִירוֹמְמוּ וְיַעֲרִיצוּ,
וְיַקְדִּישׁוּ וְיַמְלִיכוּ
אֶת שִׁמְךָ, מַלְכֵּנוּ.
כִּי לְךָ טוֹב לְהוֹדוֹת
וּלְשִׁמְךָ נָאֶה לְזַמֵּר,
כִּי מֵעוֹלָם וְעַד עוֹלָם
אַתָּה אֵל.

כִּי לְעוֹלָם חַסְדּוֹ:	הוֹדוּ לַיְיָ כִּי טוֹב
כִּי לְעוֹלָם חַסְדּוֹ:	הוֹדוּ לֵאלֹהֵי הָאֱלֹהִים
כִּי לְעוֹלָם חַסְדּוֹ:	הוֹדוּ לַאֲדֹנֵי הָאֲדֹנִים
כִּי לְעוֹלָם חַסְדּוֹ:	לְעֹשֵׂה נִפְלָאוֹת גְּדֹלוֹת לְבַדּוֹ
כִּי לְעוֹלָם חַסְדּוֹ:	לְעֹשֵׂה הַשָּׁמַיִם בִּתְבוּנָה
כִּי לְעוֹלָם חַסְדּוֹ:	לְרוֹקַע הָאָרֶץ עַל הַמָּיִם
כִּי לְעוֹלָם חַסְדּוֹ:	לְעֹשֵׂה אוֹרִים גְּדֹלִים
כִּי לְעוֹלָם חַסְדּוֹ:	אֶת הַשֶּׁמֶשׁ לְמֶמְשֶׁלֶת בַּיּוֹם

אֶת הַיָּרֵחַ וְכוֹכָבִים לְמֶמְשְׁלוֹת בַּלָּיְלָה כִּי לְעוֹלָם חַסְדּוֹ:
לְמַכֵּה מִצְרַיִם בִּבְכוֹרֵיהֶם כִּי לְעוֹלָם חַסְדּוֹ:
וַיּוֹצֵא יִשְׂרָאֵל מִתּוֹכָם כִּי לְעוֹלָם חַסְדּוֹ:
בְּיָד חֲזָקָה וּבִזְרוֹעַ נְטוּיָה כִּי לְעוֹלָם חַסְדּוֹ:
לְגֹזֵר יַם סוּף לִגְזָרִים כִּי לְעוֹלָם חַסְדּוֹ:
וְהֶעֱבִיר יִשְׂרָאֵל בְּתוֹכוֹ כִּי לְעוֹלָם חַסְדּוֹ:
וְנִעֵר פַּרְעֹה וְחֵילוֹ בְיַם סוּף כִּי לְעוֹלָם חַסְדּוֹ:
לְמוֹלִיךְ עַמּוֹ בַּמִּדְבָּר כִּי לְעוֹלָם חַסְדּוֹ:
לְמַכֵּה מְלָכִים גְּדֹלִים כִּי לְעוֹלָם חַסְדּוֹ:
וַיַּהֲרֹג מְלָכִים אַדִּירִים כִּי לְעוֹלָם חַסְדּוֹ:
לְסִיחוֹן מֶלֶךְ הָאֱמֹרִי כִּי לְעוֹלָם חַסְדּוֹ:
וּלְעוֹג מֶלֶךְ הַבָּשָׁן כִּי לְעוֹלָם חַסְדּוֹ:
וְנָתַן אַרְצָם לְנַחֲלָה כִּי לְעוֹלָם חַסְדּוֹ:
נַחֲלָה לְיִשְׂרָאֵל עַבְדּוֹ כִּי לְעוֹלָם חַסְדּוֹ:
שֶׁבְּשִׁפְלֵנוּ זָכַר לָנוּ כִּי לְעוֹלָם חַסְדּוֹ:
וַיִּפְרְקֵנוּ מִצָּרֵינוּ כִּי לְעוֹלָם חַסְדּוֹ:
נֹתֵן לֶחֶם לְכָל בָּשָׂר כִּי לְעוֹלָם חַסְדּוֹ:
הוֹדוּ לְאֵל הַשָּׁמָיִם כִּי לְעוֹלָם חַסְדּוֹ:

Give thanks to God; God is good for His mercy lasts forever. Give thanks to the God of gods for His mercy lasts forever. Give thanks to the Master of masters for His mercy lasts forever. God alone creates great wonders for His mercy lasts forever. Give thanks to God Who made

the heavens for His mercy lasts forever. Give thanks to God Who stretched out the earth above the waters for His mercy lasts forever. Give thanks to He Who made the great lights for His mercy lasts forever. The sun to rule by day for His mercy lasts forever. The moon and stars to rule by night for His mercy lasts forever. To He Who struck the Egyptian firstborn for His mercy lasts forever. And brought out Israel from among them for His mercy lasts forever. With a strong hand and with an outstretched arm for His mercy lasts forever. To He Who parted the Sea for us for His mercy lasts forever. And brought the Israelites to pass through on dry land for His mercy lasts forever. But destroyed Pharaoh and his army in that sea for His mercy lasts forever. To He Who led His people through the desert for His mercy lasts forever. To He Who struck down great kings for His mercy lasts forever. And slew famous monarchs for His mercy lasts forever. Sihon, king of the Amorites for His mercy lasts forever. And Og the king of Bashan for His mercy lasts forever. And turned their land into an inheritance for His mercy lasts forever. An inheritance for Israel His servant for His mercy lasts forever. He Who remembered us when we were low for His mercy lasts forever. And has rescued us from our enemies for His mercy lasts forever. Who gives food to all flesh for His mercy lasts forever. Give thanks to the God of heaven for His mercy lasts forever (Psalms 136).

AND THE CHILDREN OF ISRAEL LEFT EGYPT IN A GREAT EXODUS.
AND THEY WOULD WANDER IN THE DESERT FOR FORTY YEARS.
FOR THEIR LEADERS WERE MEN . . .
AND WOULD NOT ASK ANYONE FOR DIRECTIONS.

The soul of every living being will bless Your name, Eternal our God. The spirit of all flesh will forever glorify and praise You, our Ruler. Throughout eternity You are God. Other than You we have no Ruler Who redeems and saves, ransoms and rescues, sustains and shows mercy in all times of trouble and distress. We have no Ruler other than You, God of the first and of the last, God of all creatures, Master of all generations, the One Who is acclaimed with a multitude of praises, You Who guide Your world with kindness and Your creatures with mercy. You do not slumber or sleep; You wake up those who sleep and slumber; You enable the speechless to speak and You loosen the bonds of the captives; You support those who have fallen and lift up those who are bowed down. To You alone we give thanks.

נִשְׁמַת כָּל חַי
תְּבָרֵךְ אֶת שִׁמְךָ יְיָ אֱלֹהֵינוּ,
וְרוּחַ כָּל בָּשָׂר תְּפָאֵר
וּתְרוֹמֵם זִכְרְךָ מַלְכֵּנוּ תָּמִיד.
מִן הָעוֹלָם וְעַד הָעוֹלָם
אַתָּה אֵל, וּמִבַּלְעָדֶיךָ
אֵין לָנוּ מֶלֶךְ גּוֹאֵל וּמוֹשִׁיעַ,
פּוֹדֶה וּמַצִּיל וּמְפַרְנֵס וּמְרַחֵם
בְּכָל עֵת צָרָה וְצוּקָה.
אֵין לָנוּ מֶלֶךְ אֶלָּא אָתָּה.
אֱלֹהֵי הָרִאשׁוֹנִים וְהָאַחֲרוֹנִים,
אֱלוֹהַּ כָּל בְּרִיּוֹת,
אֲדוֹן כָּל תּוֹלָדוֹת,
הַמְּהֻלָּל בְּרֹב הַתִּשְׁבָּחוֹת,
הַמְנַהֵג עוֹלָמוֹ בְּחֶסֶד
וּבְרִיּוֹתָיו בְּרַחֲמִים.
וַייָ לֹא יָנוּם
וְלֹא יִישָׁן,
הַמְעוֹרֵר יְשֵׁנִים
וְהַמֵּקִיץ נִרְדָּמִים,
וְהַמֵּשִׂיחַ אִלְּמִים
וְהַמַּתִּיר אֲסוּרִים,
וְהַסּוֹמֵךְ נוֹפְלִים
וְהַזּוֹקֵף כְּפוּפִים,
לְךָ לְבַדְּךָ אֲנַחְנוּ מוֹדִים.

If our mouths were as full of songs as the sea is filled with water, and our tongues with joy as the endless waves; were our lips full of praise as the wide heavens, and our eyes shining like the sun or the moon; were our hands spread out in prayer as the wings of eagles in the sky and our feet running as swiftly as those of the deer, we would still be unable to thank You and bless Your name, Eternal our God and God of our ancestors, for even one of the thousands of deeds You have done for our ancestors and for us. You liberated us from Egypt and You rescued us from the house of slavery. You fed us in famine and sustained us with plenty. You saved us from the sword, helped us to escape the plague, and spared us from severe and enduring diseases. Until now Your mercy has helped us and Your kindness has not forsaken us; may You, Eternal our God, never abandon us.

אִלּוּ פִינוּ מָלֵא שִׁירָה כַּיָּם,
וּלְשׁוֹנֵנוּ רִנָּה כַּהֲמוֹן גַּלָּיו,
וְשִׂפְתוֹתֵינוּ שֶׁבַח
כְּמֶרְחֲבֵי רָקִיעַ, וְעֵינֵינוּ מְאִירוֹת
כַּשֶּׁמֶשׁ וְכַיָּרֵחַ, וְיָדֵינוּ פְרוּשׂוֹת
כְּנִשְׁרֵי שָׁמָיִם,
וְרַגְלֵינוּ קַלּוֹת כָּאַיָּלוֹת,
אֵין אֲנַחְנוּ מַסְפִּיקִים לְהוֹדוֹת לְךָ,
יְיָ אֱלֹהֵינוּ וֵאלֹהֵי אֲבוֹתֵינוּ,
וּלְבָרֵךְ אֶת שְׁמֶךָ
עַל אַחַת מֵאֶלֶף אַלְפֵי אֲלָפִים
וְרִבֵּי רְבָבוֹת פְּעָמִים הַטּוֹבוֹת
שֶׁעָשִׂיתָ עִם אֲבוֹתֵינוּ וְעִמָּנוּ.
מִמִּצְרַיִם גְּאַלְתָּנוּ, יְיָ אֱלֹהֵינוּ,
וּמִבֵּית עֲבָדִים פְּדִיתָנוּ,
בְּרָעָב זַנְתָּנוּ וּבְשָׂבָע כִּלְכַּלְתָּנוּ,
מֵחֶרֶב הִצַּלְתָּנוּ וּמִדֶּבֶר מִלַּטְתָּנוּ,
וּמֵחֳלָיִם רָעִים וְרַבִּים
וְנֶאֱמָנִים דִּלִּיתָנוּ.
עַד הֵנָּה עֲזָרוּנוּ רַחֲמֶיךָ
וְלֹא עֲזָבוּנוּ חֲסָדֶיךָ,
וְאַל תִּטְּשֵׁנוּ
יְיָ אֱלֹהֵינוּ לָנֶצַח.

Therefore, the limbs
that You gave us,
the spirit and soul
that You breathed into our nostrils,
and the tongue that You placed
in our mouths
will all thank and bless,
praise and glorify, exalt and
revere, sanctify and acclaim
Your name, our Ruler.
To You, every mouth
will offer thanks;
every tongue will pledge allegiance;
every knee will bend,
and all who stand will bow.
All hearts will revere You,
and our inner beings
will sing Your name,
as it is written:
"All my bones will say:
O God, who is like You?
You save the poor man
from one who is stronger,
the poor and needy from
those who would rob him"
(Psalms 35:10). Who is like You?
Who is equal to You?
Who can be compared to
You? O Great, mighty and
revered God, supreme God,
Master of heaven and earth,

עַל כֵּן אֵבָרִים
שֶׁפִּלַּגְתָּ בָּנוּ
וְרוּחַ וּנְשָׁמָה
שֶׁנָּפַחְתָּ בְּאַפֵּנוּ
וְלָשׁוֹן אֲשֶׁר שַׂמְתָּ בְּפִינוּ,
הֵן הֵם יוֹדוּ וִיבָרְכוּ
וִישַׁבְּחוּ וִיפָאֲרוּ וִירוֹמְמוּ
וְיַעֲרִיצוּ וְיַקְדִּישׁוּ וְיַמְלִיכוּ
אֶת שִׁמְךָ מַלְכֵּנוּ.
כִּי כָל פֶּה לְךָ יוֹדֶה,
וְכָל לָשׁוֹן לְךָ תִשָּׁבַע,
וְכָל בֶּרֶךְ לְךָ תִכְרַע,
וְכָל קוֹמָה לְפָנֶיךָ תִשְׁתַּחֲוֶה,
וְכָל לְבָבוֹת יִירָאוּךָ,
וְכָל קֶרֶב וּכְלָיוֹת יְזַמְּרוּ לִשְׁמֶךָ,
כַּדָּבָר שֶׁכָּתוּב, כָּל עַצְמֹתַי
תֹּאמַרְנָה: יְיָ, מִי כָמוֹךָ!
מַצִּיל עָנִי מֵחָזָק מִמֶּנּוּ
וְעָנִי וְאֶבְיוֹן מִגֹּזְלוֹ.
מִי יִדְמֶה לָּךְ וּמִי יִשְׁוֶה לָּךְ
וּמִי יַעֲרָךְ לָךְ, הָאֵל הַגָּדוֹל,
הַגִּבּוֹר וְהַנּוֹרָא, אֵל עֶלְיוֹן,
קֹנֵה שָׁמַיִם וָאָרֶץ.

we praise, acclaim, and glorify You and bless Your holy name, as it is written: "A Psalm of David: Bless God, O my soul, and let my whole inner being bless His holy name" (Psalms 103:1).

נְהַלֶּלְךָ וּנְשַׁבֵּחֲךָ וּנְפָאֶרְךָ וּנְבָרֵךְ
אֶת שֵׁם קָדְשֶׁךָ, כָּאָמוּר:
לְדָוִד, בָּרְכִי נַפְשִׁי אֶת יְיָ,
וְכָל קְרָבַי
אֶת שֵׁם קָדְשׁוֹ:

O God in Your mighty acts of power, great in the honor of Your name, powerful forever and revered for Your awe-inspiring acts, O Ruler seated upon a high and lofty throne!

הָאֵל בְּתַעֲצֻמוֹת עֻזֶּךָ,
הַגָּדוֹל בִּכְבוֹד שְׁמֶךָ,
הַגִּבּוֹר לָנֶצַח וְהַנּוֹרָא
בְּנוֹרְאוֹתֶיךָ, הַמֶּלֶךְ
הַיּוֹשֵׁב עַל כִּסֵּא רָם וְנִשָּׂא:

You Who abide forever, exalted and holy is Your name. And it is written: "Rejoice in God, you righteous ones; it is pleasant for the upright to give praise" (Psalms 33:1). By the mouths of the upright You will be praised; by the words of the righteous You will be blessed; by the tongues of the pious You will be exalted; and in the midst of the holy You will be sanctified.

שׁוֹכֵן עַד מָרוֹם וְקָדוֹשׁ שְׁמוֹ.
וְכָתוּב: רַנְּנוּ צַדִּיקִים בַּייָ,
לַיְשָׁרִים נָאוָה תְהִלָּה:
בְּפִי יְשָׁרִים תִּתְהַלָּל,
וּבְדִבְרֵי צַדִּיקִים תִּתְבָּרַךְ,
וּבִלְשׁוֹן חֲסִידִים תִּתְרוֹמָם,
וּבְקֶרֶב קְדוֹשִׁים תִּתְקַדָּשׁ:

In the assemblies of Your people, the house of Israel, with song will Your name,

וּבְמַקְהֲלוֹת רִבְבוֹת
עַמְּךָ בֵּית יִשְׂרָאֵל בְּרִנָּה יִתְפָּאַר
שִׁמְךָ, מַלְכֵּנוּ, בְּכָל דּוֹר וָדוֹר.

I AM NOW OLDER THAN THE OLD PEOPLE AT THE SEDERS WHEN I WAS A LITTLE KID

BUT SUDDENLY I FEEL LIKE INSIDE I'M THAT SAME LITTLE KID . . .

EXCEPT THAT NOW I'M ON A TRIP TO THE FUTURE

COOL!

Our Ruler, be glorified in every generation. For it is the duty of all creatures to thank, praise, laud, extol, exalt, adore, and bless You, even beyond the songs and praises of David the son of Jesse, Your anointed servant.

Praised be Your name forever, our Ruler, Who rules and is great and holy in heaven and on earth; for to You, Eternal our God and God of our ancestors, it is fitting to offer song and praise, glorification and psalms, power and dominion, victory, glory and might, praise and beauty, holiness and sovereignty, blessings and thanks, from now and forever. Blessed are You, Eternal, God, Ruler great in praises, God of thanks, master of wonders, Who chooses songs of praise, Ruler, God, life of all worlds.

שֶׁכֵּן חוֹבַת כָּל הַיְצוּרִים,
לְפָנֶיךָ, יְיָ אֱלֹהֵינוּ וֵאלֹהֵי אֲבוֹתֵינוּ,
לְהוֹדוֹת, לְהַלֵּל, לְשַׁבֵּחַ,
לְפָאֵר, לְרוֹמֵם, לְהַדֵּר,
לְבָרֵךְ, לְעַלֵּה וּלְקַלֵּס,
עַל כָּל דִּבְרֵי שִׁירוֹת וְתִשְׁבְּחוֹת
דָּוִד בֶּן יִשַׁי עַבְדְּךָ מְשִׁיחֶךָ:

יִשְׁתַּבַּח שִׁמְךָ לָעַד מַלְכֵּנוּ,
הָאֵל הַמֶּלֶךְ הַגָּדוֹל וְהַקָּדוֹשׁ
בַּשָּׁמַיִם וּבָאָרֶץ, כִּי לְךָ נָאֶה,
יְיָ אֱלֹהֵינוּ וֵאלֹהֵי אֲבוֹתֵינוּ,
שִׁיר וּשְׁבָחָה, הַלֵּל וְזִמְרָה,
עֹז וּמֶמְשָׁלָה, נֶצַח,
גְּדֻלָּה וּגְבוּרָה,
תְּהִלָּה וְתִפְאֶרֶת,
קְדֻשָּׁה וּמַלְכוּת,
בְּרָכוֹת וְהוֹדָאוֹת מֵעַתָּה וְעַד עוֹלָם.
בָּרוּךְ אַתָּה יְיָ, אֵל מֶלֶךְ גָּדוֹל בַּתִּשְׁבָּחוֹת,
אֵל הַהוֹדָאוֹת, אֲדוֹן הַנִּפְלָאוֹת,
הַבּוֹחֵר בְּשִׁירֵי זִמְרָה,
מֶלֶךְ, אֵל, חֵי הָעוֹלָמִים.

FOURTH CUP  כוס רביעי

יש אומרים:

Some say:

הִנְנִי מוּכָן וּמְזֻמָּן לְקַיֵּם מִצְוַת כּוֹס רְבִיעִי שֶׁל אַרְבַּע כּוֹסוֹת.

I am prepared and ready to fulfill the commandment of
drinking the fourth of four cups of wine.

בָּרוּךְ אַתָּה יְיָ אֱלֹהֵינוּ מֶלֶךְ הָעוֹלָם בּוֹרֵא פְּרִי הַגָּפֶן.

Baruch Atah Adonai, Eloheinu Melech ha'olam,
borei pri hagafen.

Blessed are You, Eternal our God, Ruler of the
universe, Who creates the fruit of the vine.

שׁוֹתִים בהסבת שמאל.

Drink the fourth and final cup of the Seder,
leaning to the left.

ברכת מעין שלוש
AFTER-BLESSING

Blessed are You,
Eternal, our God,
Ruler of the universe,
for the vine and its fruit,
and for the produce
of the field, for the beautiful
and spacious land that
You gave to our ancestors

בָּרוּךְ אַתָּה יְיָ אֱלֹהֵינוּ
מֶלֶךְ הָעוֹלָם, עַל הַגֶּפֶן
וְעַל פְּרִי הַגֶּפֶן, וְעַל תְּנוּבַת
הַשָּׂדֶה וְעַל אֶרֶץ חֶמְדָּה
טוֹבָה וּרְחָבָה,
שֶׁרָצִיתָ וְהִנְחַלְתָּ לַאֲבוֹתֵינוּ

74

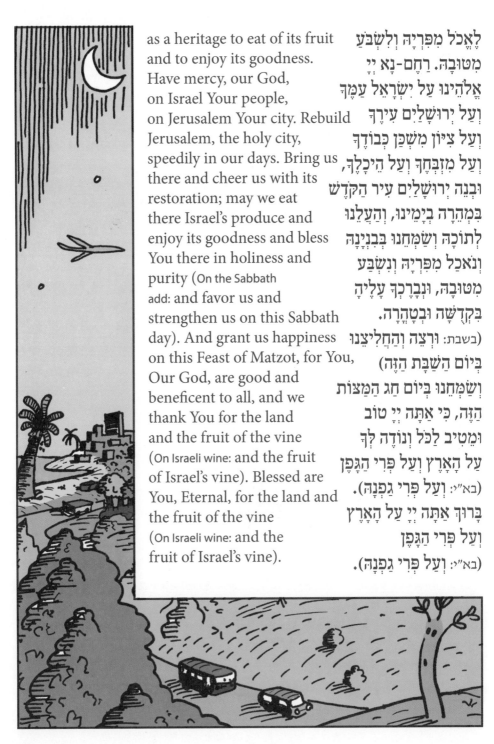

as a heritage to eat of its fruit and to enjoy its goodness. Have mercy, our God, on Israel Your people, on Jerusalem Your city. Rebuild Jerusalem, the holy city, speedily in our days. Bring us there and cheer us with its restoration; may we eat there Israel's produce and enjoy its goodness and bless You there in holiness and purity (On the Sabbath add: and favor us and strengthen us on this Sabbath day). And grant us happiness on this Feast of Matzot, for You, Our God, are good and beneficent to all, and we thank You for the land and the fruit of the vine (On Israeli wine: and the fruit of Israel's vine). Blessed are You, Eternal, for the land and the fruit of the vine (On Israeli wine: and the fruit of Israel's vine).

לֶאֱכֹל מִפִּרְיָהּ וְלִשְׂבֹּעַ
מִטּוּבָהּ. רַחֶם-נָא יְיָ
אֱלֹהֵינוּ עַל יִשְׂרָאֵל עַמֶּךָ
וְעַל יְרוּשָׁלַיִם עִירֶךָ
וְעַל צִיּוֹן מִשְׁכַּן כְּבוֹדֶךָ
וְעַל מִזְבְּחֶךָ וְעַל הֵיכָלֶךָ,
וּבְנֵה יְרוּשָׁלַיִם עִיר הַקֹּדֶשׁ
בִּמְהֵרָה בְיָמֵינוּ, וְהַעֲלֵנוּ
לְתוֹכָהּ וְשַׂמְּחֵנוּ בְּבִנְיָנָהּ
וְנֹאכַל מִפִּרְיָהּ וְנִשְׂבַּע
מִטּוּבָהּ, וּנְבָרֶכְךָ עָלֶיהָ
בִּקְדֻשָּׁה וּבְטָהֳרָה.
(בשבת: וּרְצֵה וְהַחֲלִיצֵנוּ
בְּיוֹם הַשַּׁבָּת הַזֶּה)
וְשַׂמְּחֵנוּ בְּיוֹם חַג הַמַּצּוֹת
הַזֶּה, כִּי אַתָּה יְיָ טוֹב
וּמֵטִיב לַכֹּל וְנוֹדֶה לְּךָ
עַל הָאָרֶץ וְעַל פְּרִי הַגָּפֶן
(בא"י: וְעַל פְּרִי גַפְנָהּ).
בָּרוּךְ אַתָּה יְיָ עַל הָאָרֶץ
וְעַל פְּרִי הַגָּפֶן
(בא"י: וְעַל פְּרִי גַפְנָהּ).

נרצה
Nirtzah
Pray that it be pleasing

כולם אומרים:

All recite together the closing of the Seder:

חֲסַל סִדּוּר פֶּסַח כְּהִלְכָתוֹ,
כְּכָל מִשְׁפָּטוֹ וְחֻקָּתוֹ:
כַּאֲשֶׁר זָכִינוּ לְסַדֵּר אוֹתוֹ,
כֵּן נִזְכֶּה לַעֲשׂוֹתוֹ:
זָךְ שׁוֹכֵן מְעוֹנָה,
קוֹמֵם קְהַל עֲדַת מִי מָנָה:
בְּקָרוֹב נַהֵל נִטְעֵי כַנָּה,
פְּדוּיִם לְצִיּוֹן בְּרִנָּה:

The Passover Seder is now concluded, done according to its laws and customs. As we have been privileged to celebrate this Seder, so may we celebrate it in the future. O Pure One in Heaven, support Your people. May You soon gather us all and return us to Zion in joy.

לְשָׁנָה הַבָּאָה בִּירוּשָׁלָיִם הַבְּנוּיָה!

L'shana haba'ah b'Yerushalayim habnuya!

Next year in rebuilt Jerusalem!

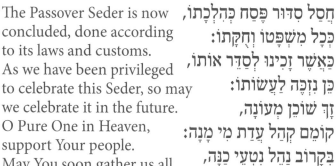

בליל שני
של פסח
מתחילים בספירת העומר.
בחוץ לארץ סופרים
בליל הסדר השני:

On the second night of Pesach, which, outside of Israel, is the second Seder night, the counting of the Omer is recited:

בָּרוּךְ אַתָּה יְיָ
אֱלֹהֵינוּ מֶלֶךְ הָעוֹלָם,
אֲשֶׁר קִדְּשָׁנוּ בְּמִצְווֹתָיו
וְצִוָּנוּ עַל סְפִירַת הָעֹמֶר.
הַיּוֹם יוֹם אֶחָד לָעֹמֶר.

Blessed are You, Eternal our God, Ruler of the universe, Who has sanctified us with Your commandments and has commanded us to count the Omer.
Today is the first day of the Omer.

THE SEDER
IS OVER?

YES.

BUT WHAT
ABOUT HAD
GADYA AND
ADIR HU?

THEY COME
NEXT.

AHA!
SO THIS IS
NOT REALLY
THE END!

Those observing two Seder nights say the following only at the first Seder:	בחוץ לארץ אומרים פיוט זה רק בלילה הראשון של פסח:
And it was midnight.	**וּבְכֵן, וַיְהִי בַּחֲצִי הַלַּיְלָה:**
You made miracles at night When watchmen strain to see at night. And Abraham conquered the kings at night, and it was midnight.	אָז רוֹב נִסִּים הִפְלֵאתָ בַּלַּיְלָה, בְּרֹאשׁ אַשְׁמוֹרֶת זֶה הַלַּיְלָה, גֵּר צֶדֶק נִצַּחְתּוֹ כְּנֶחֱלַק לוֹ לַיְלָה, וַיְהִי בַּחֲצִי הַלַּיְלָה:
You judged King Gerar in a dream at night, You warned Laban in the middle of the night, And Israel wrestled with an angel all night, and it was midnight.	דַּנְתָּ מֶלֶךְ גְּרָר בַּחֲלוֹם הַלַּיְלָה, הִפְחַדְתָּ אֲרַמִּי בְּאֶמֶשׁ לַיְלָה, וַיָּשַׂר יִשְׂרָאֵל לְמַלְאָךְ וַיּוּכַל לוֹ לַיְלָה, וַיְהִי בַּחֲצִי הַלַּיְלָה:
Egypt's firstborn You slew at midnight. They did not find their strength when they arose at night. And Sisera's armies were swept away on a starry night, and it was midnight.	זֶרַע בְּכוֹרֵי פַתְרוֹס מָחַצְתָּ בַּחֲצִי הַלַּיְלָה, חֵילָם לֹא מָצְאוּ בְּקוּמָם בַּלַּיְלָה, טִיסַת נְגִיד חֲרֹשֶׁת סִלִּיתָ בְּכוֹכְבֵי לַיְלָה, וַיְהִי בַּחֲצִי הַלַּיְלָה:
The Assyrian besiegers of Jerusalem were struck at night. Overnight [the idol] Bel fell from his pedestal at night. To Daniel You revealed Your mysteries at night, and it was midnight.	יָעַץ מְחָרֵף לְנוֹפֵף אִוּוּי הוֹבַשְׁתָּ פְגָרָיו בַּלַּיְלָה, כָּרַע בֵּל וּמַצָּבוֹ בְּאִישׁוֹן לַיְלָה, לְאִישׁ חֲמוּדוֹת נִגְלָה רָז חֲזוֹת לַיְלָה, וַיְהִי בַּחֲצִי הַלַּיְלָה:

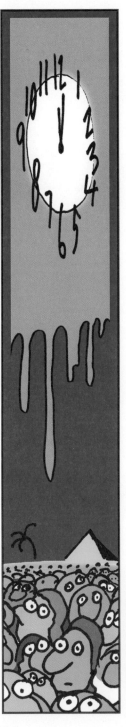

The drunken King Belshazzar
was slain at night.
Daniel stayed in the lions' den
for a night.
And Haman wrote
his edicts of hate at night,
and it was midnight.

מִשְׁתַּכֵּר בִּכְלֵי קֹדֶשׁ
נֶהֱרַג בּוֹ בַּלַּיְלָה,
נוֹשַׁע מִבּוֹר אֲרָיוֹת
פּוֹתֵר בִּעֲתוּתֵי לַיְלָה,
שִׂנְאָה נָטַר אֲגָגִי וְכָתַב
סְפָרִים בַּלַּיְלָה,
וַיְהִי בַּחֲצִי הַלַּיְלָה:

You brought down Haman
during Ahasuerus's
sleepless night.
You will press the wine
for those who ask,
"Watchmen, what of the night?"
And you will answer,
"The day cometh,
and also the night,"
and it was midnight.

עוֹרַרְתָּ נִצְחֲךָ עָלָיו
בְּנֶדֶד שְׁנַת לַיְלָה,
פּוּרָה תִדְרוֹךְ לְשׁוֹמֵר
מַה מִּלַּיְלָה,
צָרַח כַּשּׁוֹמֵר
וְשָׂח אָתָא בֹקֶר וְגַם לַיְלָה,
וַיְהִי בַּחֲצִי הַלַּיְלָה:

Bring quickly the day
that is neither day nor night.
O Eternal One,
the day is Yours,
and so is the night.
Set guards about Your city
all day and all night,
Make bright as the day
the darkness of the night,
and it was midnight.

קָרֵב יוֹם אֲשֶׁר הוּא
לֹא יוֹם וְלֹא לַיְלָה,
רָם הוֹדַע כִּי לְךָ הַיּוֹם
אַף לְךָ הַלַּיְלָה,
שׁוֹמְרִים הַפְקֵד לְעִירְךָ
כָּל הַיּוֹם וְכָל הַלַּיְלָה,
תָּאִיר כְּאוֹר יוֹם חֶשְׁכַת לַיְלָה,
וַיְהִי בַּחֲצִי הַלַּיְלָה:

Those observing two Seder nights say the following only at the second Seder:

בחוץ לארץ אומרים פיוט זה רק בלילה השני של פסח:

And you shall say: "This is the Passover offering."

וּבְכֵן, וַאֲמַרְתֶּם זֶבַח פֶּסַח:

You showed Your power
on Passover.
As our first festival,
You gave us the Passover.
You visited with Abraham
on Passover. And you shall say: "This is the Passover offering."

אֹמֶץ גְּבוּרוֹתֶיךָ
הִפְלֵאתָ בַּפֶּסַח,
בְּרֹאשׁ כָּל מוֹעֲדוֹת
נִשֵּׂאתָ פֶּסַח,
גִּלִּיתָ לְאֶזְרָחִי
חֲצוֹת לֵיל פֶּסַח,
וַאֲמַרְתֶּם זֶבַח פֶּסַח:

You came to his tent in the
heat of day, on Passover.
He served Your messengers
unleavened bread on Passover.
And he ran to the cattle,
remembering the offering
of Passover. And you shall say: "This is the Passover offering."

דְּלָתָיו דָּפַקְתָּ
כְּחֹם הַיּוֹם בַּפֶּסַח,
הִסְעִיד נוֹצְצִים
עֻגוֹת מַצּוֹת בַּפֶּסַח,
וְאֶל הַבָּקָר רָץ זֵכֶר לְשׁוֹר
עֵרֶךְ פֶּסַח,
וַאֲמַרְתֶּם זֶבַח פֶּסַח:

Sodom was consumed
by fire on Passover.
But Lot, spared, baked
unleavened bread
for Passover.
You desolated the Land
of Egypt on the Passover.
And you shall say: "This is the Passover offering."

זוֹעֲמוּ סְדוֹמִים
וְלוֹהֲטוּ בָּאֵשׁ בַּפֶּסַח,
חֻלַּץ לוֹט מֵהֶם וּמַצּוֹת
אָפָה בְּקֵץ פֶּסַח,
טִאטֵאתָ אַדְמַת מֹף וְנֹף
בְּעָבְרְךָ בַּפֶּסַח,
וַאֲמַרְתֶּם זֶבַח פֶּסַח:

Egypt's firstborn You
destroyed that Passover.
You did pass over Israel's
firstborn that Passover.
You permitted no invader
to enter Israel's door
on Passover.
And you shall say:
"This is the Passover offering."

יָהּ רֹאשׁ כָּל אוֹן מָחַצְתָּ
בְּלֵיל שִׁמּוּר פֶּסַח,
כַּבִּיר, עַל בֵּן בְּכוֹר
פָּסַחְתָּ בְּדַם פֶּסַח,
לְבִלְתִּי תֵּת מַשְׁחִית
לָבֹא בִּפְתָחַי בַּפֶּסַח,
וַאֲמַרְתֶּם זֶבַח פֶּסַח:

The walls of Jericho fell
on Passover.
Midian was destroyed
by the sound of [Gideon's]
Omer sacrifice
at Passover.
The Assyrian army was
destroyed on Passover.
And you shall say:
"This is the Passover offering."

מְסֻגֶּרֶת סֻגָּרָה
בְּעִתּוֹתֵי פֶּסַח,
נִשְׁמְדָה מִדְיָן
בִּצְלִיל שְׂעוֹרֵי
עֹמֶר פֶּסַח,
שׂוֹרְפוּ מִשְׁמַנֵּי פּוּל וְלוּד
בִּיקַד יְקוֹד פֶּסַח,
וַאֲמַרְתֶּם זֶבַח פֶּסַח:

Sennacherib met disaster
at Zion's gate on Passover.
The handwriting on the wall
was written on Passover.
The table was set on Passover.
And you shall say:
"This is the Passover offering."

עוֹד הַיּוֹם בְּנֹב לַעֲמוֹד
עַד גָּעָה עוֹנַת פֶּסַח,
פַּס יַד כָּתְבָה לְקַעֲקֵעַ
צוּל בַּפֶּסַח,
צָפֹה הַצָּפִית
עָרוֹךְ הַשֻּׁלְחָן בַּפֶּסַח,
וַאֲמַרְתֶּם זֶבַח פֶּסַח:

Queen Esther called
a three-day fast on Passover.
Haman was hung on
a gallows fifty cubits
high on Passover.
Those who hate us
will be punished
twice on Passover.
Your right arm will be
uplifted on this Feast of
Passover. And you shall say:
"This is the Passover offering."

קָהֵל כִּנְּסָה הֲדַסָּה לְשַׁלֵּשׁ
צוֹם בַּפֶּסַח,
רֹאשׁ מִבֵּית רָשָׁע מָחַצְתָּ
בְּעֵץ חֲמִשִּׁים בַּפֶּסַח,
שְׁתֵּי אֵלֶּה רֶגַע
תָּבִיא לְעוּצִית בַּפֶּסַח,
תָּעֹז יָדְךָ וְתָרוּם
יְמִינְךָ כְּלֵיל הִתְקַדֶּשׁ
חַג פֶּסַח,
וַאֲמַרְתֶּם זֶבַח פֶּסַח:

On both nights
recite or sing:

בשני הלילות:

כִּי לוֹ נָאֶה
KI LO NA'EH

**For Him it is fitting,
to Him it is due.**

כִּי לוֹ נָאֶה,
כִּי לוֹ יָאֶה:

Mighty in sovereignty,
supreme in deed.
His legions sing to Him.

אַדִּיר בִּמְלוּכָה,
בָּחוּר כַּהֲלָכָה,
גְּדוּדָיו יֹאמְרוּ לוֹ:

REFRAIN: *You alone
are the Ruler
of the world.
For Him it is fitting,
to Him it is due.*

לְךָ וּלְךָ, לְךָ כִּי לְךָ,
לְךָ אַף לְךָ, לְךָ יְיָ הַמַּמְלָכָה,
כִּי לוֹ נָאֶה, כִּי לוֹ יָאֶה.

Preeminent in sovereignty,
glorious in deed.
His faithful sing to Him.
You alone are...

דָּגוּל בִּמְלוּכָה,
הָדוּר כַּהֲלָכָה,
וָתִיקָיו יֹאמְרוּ לוֹ:
לְךָ וּלְךָ, לְךָ כִּי לְךָ...

Pure in sovereignty,
strong in deed.
His attendants sing to Him.
You alone are...

Unique in sovereignty,
awesome in deed.
His disciples sing to Him.
You alone are...

Ruling in sovereignty,
revered in deed.
His Angels sing to Him.
You alone are...

Humble in sovereignty,
redeeming in the path.
His Righteous sing to Him.
You alone are...

Holy in sovereignty,
compassionate in deed.
His myriads sing to Him.
You alone are...

Almighty in sovereignty,
supportive in deed.
His purified sing to Him.

*You alone are the Ruler
of the world.
For Him it is fitting,
to Him it is due.*

זַכַּאי בִּמְלוּכָה,
חָסִין כַּהֲלָכָה
טַפְסְרָיו יֹאמְרוּ לוֹ:
לְךָ וּלְךָ, לְךָ כִּי לְךָ...
יָחִיד בִּמְלוּכָה,
כַּבִּיר כַּהֲלָכָה
לִמּוּדָיו יֹאמְרוּ לוֹ:
לְךָ וּלְךָ, לְךָ כִּי לְךָ...
מוֹשֵׁל בִּמְלוּכָה,
נוֹרָא כַּהֲלָכָה
סְבִיבָיו יֹאמְרוּ לוֹ:
לְךָ וּלְךָ, לְךָ כִּי לְךָ...
עָנָיו בִּמְלוּכָה,
פּוֹדֶה כַּהֲלָכָה,
צַדִּיקָיו יֹאמְרוּ לוֹ:
לְךָ וּלְךָ, לְךָ כִּי לְךָ...
קָדוֹשׁ בִּמְלוּכָה,
רַחוּם כַּהֲלָכָה
שִׁנְאַנָּיו יֹאמְרוּ לוֹ:
לְךָ וּלְךָ, לְךָ כִּי לְךָ...
תַּקִּיף בִּמְלוּכָה,
תּוֹמֵךְ כַּהֲלָכָה
תְּמִימָיו יֹאמְרוּ לוֹ:
לְךָ וּלְךָ, לְךָ כִּי לְךָ,
לְךָ אַף לְךָ, לְךָ יְיָ הַמַּמְלָכָה,
כִּי לוֹ נָאֶה, כִּי לוֹ יָאֶה.

אדיר הוא
ADIR HU

God is mighty,
He will build
His Temple soon:
Quickly,
in our time,
yes, speedily
in our days,
God will build,
please build
Your home soon.

God is distinguished,
God is great,
God is lauded,
He will build
His house soon…

God is beautiful,
God is timeless,
His merit has no bounds,
God is ultimately kind,
He will build
His house soon…

אַדִּיר הוּא,
יִבְנֶה בֵיתוֹ בְּקָרוֹב.
בִּמְהֵרָה, בִּמְהֵרָה,
בְּיָמֵינוּ בְּקָרוֹב.
אֵל בְּנֵה, אֵל בְּנֵה,
בְּנֵה בֵיתְךָ בְּקָרוֹב.
בָּחוּר הוּא,
גָּדוֹל הוּא,
דָּגוּל הוּא,
יִבְנֶה בֵיתוֹ בְּקָרוֹב.
בִּמְהֵרָה, בִּמְהֵרָה…

הָדוּר הוּא,
וָתִיק הוּא,
זַכַּאי הוּא,
חָסִיד הוּא,
יִבְנֶה בֵיתוֹ בְּקָרוֹב.
בִּמְהֵרָה, בִּמְהֵרָה…

God is pure,
God is unique,
God is fearless,
He knows all,
God is Ruler,
He will build
His house soon...

טָהוֹר הוּא,
יָחִיד הוּא,
כַּבִּיר הוּא,
לָמוּד הוּא,
מֶלֶךְ הוּא,
יִבְנֶה בֵיתוֹ בְּקָרוֹב.
בִּמְהֵרָה, בִּמְהֵרָה...

God is awesome,
God is heavenly,
God is all-powerful,
God is the Redeemer,
God is righteous,
He will build
His house soon...

נוֹרָא הוּא,
סַגִּיב הוּא,
עִזּוּז הוּא,
פּוֹדֶה הוּא,
צַדִּיק הוּא,
יִבְנֶה בֵיתוֹ בְּקָרוֹב.
בִּמְהֵרָה, בִּמְהֵרָה...

God is holy,
God is merciful,
God is God,
God is omnipotent,
He will build
His house soon...

קָדוֹשׁ הוּא,
רַחוּם הוּא,
שַׁדַּי הוּא,
תַּקִּיף הוּא,
יִבְנֶה בֵיתוֹ בְּקָרוֹב.
בִּמְהֵרָה, בִּמְהֵרָה...

85

אחד מי יודע?
WHO KNOWS ONE?

Who knows one?
I know one:
One is the God of
heaven and earth.

Who knows two?
I know two:
two are the tablets
of the Law; One is…

Who knows three?
I know three:
three are the three
Patriarchs; two are…

Who knows four?
I know four:
four are the
four Matriarchs;
three are…

Who knows five?
I know five: five are
the Books of Moses,
four are…

אֶחָד מִי יוֹדֵעַ? אֶחָד אֲנִי יוֹדֵעַ.
אֶחָד אֱלֹהֵינוּ שֶׁבַּשָּׁמַיִם וּבָאָרֶץ:
שְׁנַיִם מִי יוֹדֵעַ? שְׁנַיִם אֲנִי יוֹדֵעַ.
שְׁנֵי לוּחוֹת הַבְּרִית.
אֶחָד אֱלֹהֵינוּ שֶׁבַּשָּׁמַיִם וּבָאָרֶץ:
שְׁלֹשָׁה מִי יוֹדֵעַ? שְׁלֹשָׁה אֲנִי יוֹדֵעַ.
שְׁלֹשָׁה אָבוֹת,
שְׁנֵי לוּחוֹת הַבְּרִית,
אֶחָד אֱלֹהֵינוּ שֶׁבַּשָּׁמַיִם וּבָאָרֶץ:
אַרְבַּע מִי יוֹדֵעַ? אַרְבַּע אֲנִי יוֹדֵעַ.
אַרְבַּע אִמָּהוֹת,
שְׁלֹשָׁה אָבוֹת,
שְׁנֵי לוּחוֹת הַבְּרִית,
אֶחָד אֱלֹהֵינוּ שֶׁבַּשָּׁמַיִם וּבָאָרֶץ:
חֲמִשָּׁה מִי יוֹדֵעַ? חֲמִשָּׁה אֲנִי יוֹדֵעַ.
חֲמִשָּׁה חוּמְשֵׁי תוֹרָה,
אַרְבַּע אִמָּהוֹת, שְׁלֹשָׁה אָבוֹת,
שְׁנֵי לוּחוֹת הַבְּרִית,
אֶחָד אֱלֹהֵינוּ שֶׁבַּשָּׁמַיִם וּבָאָרֶץ:

Who knows six?
I know six:
six are the parts
of the Mishnah;
five are…

שִׁשָּׁה מִי יוֹדֵעַ? שִׁשָּׁה אֲנִי יוֹדֵעַ.
שִׁשָּׁה סִדְרֵי מִשְׁנָה,
חֲמִשָּׁה חוּמְשֵׁי תוֹרָה,
אַרְבַּע אִמָּהוֹת, שְׁלֹשָׁה אָבוֹת,
שְׁנֵי לוּחוֹת הַבְּרִית,
אֶחָד אֱלֹהֵינוּ שֶׁבַּשָּׁמַיִם וּבָאָרֶץ:

Who knows seven?
I know seven:
seven are
the days
of the week;
six are…

שִׁבְעָה מִי יוֹדֵעַ? שִׁבְעָה אֲנִי יוֹדֵעַ.
שִׁבְעָה יְמֵי שַׁבַּתָּא,
שִׁשָּׁה סִדְרֵי מִשְׁנָה, חֲמִשָּׁה חוּמְשֵׁי
תוֹרָה, אַרְבַּע אִמָּהוֹת, שְׁלֹשָׁה
אָבוֹת, שְׁנֵי לוּחוֹת הַבְּרִית,
אֶחָד אֱלֹהֵינוּ שֶׁבַּשָּׁמַיִם וּבָאָרֶץ:

Who knows eight?
I know eight:
eight are the
days before
a *bris*;
seven are…

שְׁמוֹנָה מִי יוֹדֵעַ? שְׁמוֹנָה אֲנִי יוֹדֵעַ.
שְׁמוֹנָה יְמֵי מִילָה,
שִׁבְעָה יְמֵי שַׁבַּתָּא,
שִׁשָּׁה סִדְרֵי מִשְׁנָה, חֲמִשָּׁה חוּמְשֵׁי
תוֹרָה, אַרְבַּע אִמָּהוֹת, שְׁלֹשָׁה
אָבוֹת, שְׁנֵי לוּחוֹת הַבְּרִית, אֶחָד
אֱלֹהֵינוּ שֶׁבַּשָּׁמַיִם וּבָאָרֶץ:

Who knows nine? I know nine: nine are the months of pregnancy; eight are…

תִּשְׁעָה מִי יוֹדֵעַ? תִּשְׁעָה אֲנִי יוֹדֵעַ.
תִּשְׁעָה יַרְחֵי לֵידָה, שְׁמוֹנָה יְמֵי מִילָה,
שִׁבְעָה יְמֵי שַׁבַּתָּא, שִׁשָּׁה סִדְרֵי מִשְׁנָה,
חֲמִשָּׁה חוּמְשֵׁי תוֹרָה, אַרְבַּע אִמָּהוֹת,
שְׁלֹשָׁה אָבוֹת, שְׁנֵי לוּחוֹת הַבְּרִית,
אֶחָד אֱלֹהֵינוּ שֶׁבַּשָּׁמַיִם וּבָאָרֶץ:

Who knows ten? I know ten: ten are the Ten Commandments; nine are…

עֲשָׂרָה מִי יוֹדֵעַ? עֲשָׂרָה אֲנִי יוֹדֵעַ.
עֲשָׂרָה דִבְּרַיָּא, תִּשְׁעָה יַרְחֵי לֵידָה,
שְׁמוֹנָה יְמֵי מִילָה, שִׁבְעָה יְמֵי שַׁבַּתָּא,
שִׁשָּׁה סִדְרֵי מִשְׁנָה, חֲמִשָּׁה חוּמְשֵׁי
תוֹרָה, אַרְבַּע אִמָּהוֹת, שְׁלֹשָׁה אָבוֹת,
שְׁנֵי לוּחוֹת הַבְּרִית, אֶחָד
אֱלֹהֵינוּ שֶׁבַּשָּׁמַיִם וּבָאָרֶץ:

Who knows eleven? I know eleven: eleven are the stars in Joseph's dream; ten are…

אַחַד עָשָׂר מִי יוֹדֵעַ? אַחַד עָשָׂר אֲנִי יוֹדֵעַ.
אַחַד עָשָׂר כּוֹכְבַיָּא, עֲשָׂרָה דִבְּרַיָּא,
תִּשְׁעָה יַרְחֵי לֵידָה, שְׁמוֹנָה יְמֵי מִילָה,
שִׁבְעָה יְמֵי שַׁבַּתָּא, שִׁשָּׁה סִדְרֵי מִשְׁנָה,
חֲמִשָּׁה חוּמְשֵׁי תוֹרָה, אַרְבַּע אִמָּהוֹת,
שְׁלֹשָׁה אָבוֹת, שְׁנֵי לוּחוֹת הַבְּרִית,
אֶחָד אֱלֹהֵינוּ שֶׁבַּשָּׁמַיִם וּבָאָרֶץ:

Who knows twelve?

I know twelve: twelve are the tribes of Israel; eleven are…

שְׁנֵים עָשָׂר מִי יוֹדֵעַ? שְׁנֵים עָשָׂר אֲנִי יוֹדֵעַ.
שְׁנֵים עָשָׂר שִׁבְטַיָּא, אַחַד עָשָׂר כּוֹכְבַיָּא,
עֲשָׂרָה דִבְּרַיָּא, תִּשְׁעָה יַרְחֵי לֵידָה,
שְׁמוֹנָה יְמֵי מִילָה, שִׁבְעָה יְמֵי שַׁבְּתָא,
שִׁשָּׁה סִדְרֵי מִשְׁנָה, חֲמִשָּׁה חוּמְשֵׁי תוֹרָה,
אַרְבַּע אִמָּהוֹת, שְׁלֹשָׁה אָבוֹת, שְׁנֵי לוּחוֹת
הַבְּרִית, אֶחָד אֱלֹהֵינוּ שֶׁבַּשָּׁמַיִם וּבָאָרֶץ:

Who knows thirteen?

I know thirteen:
thirteen are
the attributes of God;
twelve tribes of Israel;
eleven stars in Joseph's dream;
Ten Commandments;
nine months of pregnancy;
eight days before a *bris*;
seven days of the week;
six parts of Mishnah;
five Books of Moses;
four Matriarchs;
three Patriarchs;
two tablets of the Law;
One is God
of heaven
and earth.

שְׁלֹשָׁה עָשָׂר מִי יוֹדֵעַ?
שְׁלֹשָׁה עָשָׂר אֲנִי יוֹדֵעַ.
שְׁלֹשָׁה עָשָׂר מִדַּיָּא.
שְׁנֵים עָשָׂר שִׁבְטַיָּא,
אַחַד עָשָׂר כּוֹכְבַיָּא,
עֲשָׂרָה דִבְּרַיָּא,
תִּשְׁעָה יַרְחֵי לֵידָה,
שְׁמוֹנָה יְמֵי מִילָה,
שִׁבְעָה יְמֵי שַׁבְּתָא,
שִׁשָּׁה סִדְרֵי מִשְׁנָה,
חֲמִשָּׁה חוּמְשֵׁי תוֹרָה,
אַרְבַּע אִמָּהוֹת,
שְׁלֹשָׁה אָבוֹת,
שְׁנֵי לוּחוֹת הַבְּרִית,
אֶחָד אֱלֹהֵינוּ שֶׁבַּשָּׁמַיִם וּבָאָרֶץ:

חד גדיא
HAD GADYA

One kid,
one little kid
my father bought
for two *zuzim*.

Then came a cat
that ate the kid,
the one little kid
my father bought
for two *zuzim*.

Then came a dog
that bit the cat
that…

Then came a stick
that beat the dog
that…

Then came a fire
that burned the
stick that…

Then came water
that put out the
fire that…

דְּזַבִּין אַבָּא בִּתְרֵי זוּזֵי,
חַד גַּדְיָא, חַד גַּדְיָא.

וְאָתָא שׁוּנְרָא וְאָכְלָה לְגַדְיָא,
דְּזַבִּין אַבָּא בִּתְרֵי זוּזֵי,
חַד גַּדְיָא, חַד גַּדְיָא.

וְאָתָא כַלְבָּא וְנָשַׁךְ לְשׁוּנְרָא,
דְּאָכְלָה לְגַדְיָא, דְּזַבִּין אַבָּא בִּתְרֵי
זוּזֵי, חַד גַּדְיָא, חַד גַּדְיָא.

וְאָתָא חוּטְרָא וְהִכָּה לְכַלְבָּא, דְּנָשַׁךְ
לְשׁוּנְרָא, דְּאָכְלָה לְגַדְיָא, דְּזַבִּין אַבָּא
בִּתְרֵי זוּזֵי, חַד גַּדְיָא, חַד גַּדְיָא.

וְאָתָא נוּרָא וְשָׂרַף לְחוּטְרָא, דְּהִכָּה
לְכַלְבָּא, דְּנָשַׁךְ לְשׁוּנְרָא, דְּאָכְלָה
לְגַדְיָא, דְּזַבִּין אַבָּא בִּתְרֵי זוּזֵי,
חַד גַּדְיָא, חַד גַּדְיָא.

וְאָתָא מַיָא וְכָבָה לְנוּרָא, דְּשָׂרַף
לְחוּטְרָא, דְּהִכָּה לְכַלְבָּא, דְּנָשַׁךְ
לְשׁוּנְרָא, דְּאָכְלָה לְגַדְיָא, דְּזַבִּין אַבָּא
בִּתְרֵי זוּזֵי, חַד גַּדְיָא, חַד גַּדְיָא.

Then came
an ox
that drank
the water
that…

וְאָתָא תוֹרָא וְשָׁתָה לְמַיָּא, דְּכָבָה לְנוּרָא, דְּשָׂרַף לְחוּטְרָא, דְּהִכָּה לְכַלְבָּא, דְּנָשַׁךְ לְשׁוּנְרָא, דְּאָכְלָה לְגַדְיָא, דְּזַבִּין אַבָּא בִּתְרֵי זוּזֵי, חַד גַּדְיָא, חַד גַּדְיָא.

Then came
a butcher
who killed
the ox
that…

וְאָתָא הַשּׁוֹחֵט וְשָׁחַט לְתוֹרָא, דְּשָׁתָה לְמַיָּא, דְּכָבָה לְנוּרָא, דְּשָׂרַף לְחוּטְרָא, דְּהִכָּה לְכַלְבָּא, דְּנָשַׁךְ לְשׁוּנְרָא, דְּאָכְלָה לְגַדְיָא, דְּזַבִּין אַבָּא בִּתְרֵי זוּזֵי, חַד גַּדְיָא, חַד גַּדְיָא.

Then came
the Angel
of Death
who took
the butcher
who…

וְאָתָא מַלְאַךְ הַמָּוֶת וְשָׁחַט לְשׁוֹחֵט, דְּשָׁחַט לְתוֹרָא, דְּשָׁתָה לְמַיָּא, דְּכָבָה לְנוּרָא, דְּשָׂרַף לְחוּטְרָא, דְּהִכָּה לְכַלְבָּא, דְּנָשַׁךְ לְשׁוּנְרָא, דְּאָכְלָה לְגַדְיָא, דְּזַבִּין אַבָּא בִּתְרֵי זוּזֵי, חַד גַּדְיָא, חַד גַּדְיָא.

Then came
the Holy One,
blessed be He,
Who killed
the Angel
of Death
who…

וְאָתָא הַקָּדוֹשׁ בָּרוּךְ הוּא וְשָׁחַט לְמַלְאַךְ הַמָּוֶת, דְּשָׁחַט לְשׁוֹחֵט, דְּשָׁחַט לְתוֹרָא, דְּשָׁתָה לְמַיָּא, דְּכָבָה לְנוּרָא, דְּשָׂרַף לְחוּטְרָא, דְּהִכָּה לְכַלְבָּא, דְּנָשַׁךְ לְשׁוּנְרָא, דְּאָכְלָה לְגַדְיָא, דְּזַבִּין אַבָּא בִּתְרֵי זוּזֵי, חַד גַּדְיָא, חַד גַּדְיָא.

This is the Back Page...

...because Hebrew is read (and written) from right to left. As this is a traditional Haggadah, it is bound on the right side.

This "right to left" order predated the English "left to right" order that you, no doubt, are familiar with by many centuries.

So if you mistakenly opened to this page expecting to see the front of the book, don't be embarrassed, just nod your head knowingly as you read this informative piece, and then turn to the front page.

We wish you a happy Passover